郑州大学当代资本主义研究中心资助

国家社科基金重大项目资助（19ZDA005）

郑州大学政治学丛书
Zhengzhou University Political Science Series

当代中国社会利益关系问题研究

谢海军 / 著

中国社会科学出版社

图书在版编目（CIP）数据

当代中国社会利益关系问题研究／谢海军著．—北京：中国社会科学出版社，2020.9

（郑州大学政治学丛书）

ISBN 978-7-5203-6063-0

Ⅰ.①当… Ⅱ.①谢… Ⅲ.①利益关系—研究—中国 Ⅳ.①D663

中国版本图书馆 CIP 数据核字（2020）第 034701 号

出 版 人	赵剑英
责任编辑	赵　丽
责任校对	李　剑
责任印制	王　超

出　　版	中国社会科学出版社
社　　址	北京鼓楼西大街甲158号
邮　　编	100720
网　　址	http://www.csspw.cn
发 行 部	010-84083685
门 市 部	010-84029450
经　　销	新华书店及其他书店
印　　刷	北京明恒达印务有限公司
装　　订	廊坊市广阳区广增装订厂
版　　次	2020年9月第1版
印　　次	2020年9月第1次印刷
开　　本	710×1000 1/16
印　　张	15
字　　数	216千字
定　　价	86.00元

凡购买中国社会科学出版社图书，如有质量问题请与本社营销中心联系调换
电话：010-84083683
版权所有　侵权必究

总 序 一

2016年5月16日，习近平总书记在哲学社会科学工作座谈会上的重要讲话中呼吁包括政治学在内的哲学社会科学创新，这对充分体现新时代中国特色、中国风格、中国气派的政治学的发展，提出了新的更高的要求。

什么是政治学？在弄清什么是政治学之前，需要先弄清什么是政治。早在1940年，毛泽东在《新民主主义论》中就指出："一定的文化（当作观念形态的文化）是一定社会的政治和经济的反映，又给予伟大影响和作用于一定社会的政治和经济；而经济是基础，政治则是经济的集中的表现。这是我们对于文化和政治、经济的关系及政治和经济的关系的基本观点。那末，一定形态的政治和经济是首先决定那一定形态的文化的；然后，那一定形态的文化又才给予影响和作用于一定形态的政治和经济。"毛泽东这段著名论述告诉我们，一个大社会，是由经济、政治、文化三个部分组成。经济是基础，经济基础决定上层建筑，不仅决定政治的上层建筑，而且进而决定文化的上层建筑。但政治是经济的集中表现，在一定条件下，政治对经济、政治的上层建筑对经济基础又起着决定性的反作用。一定形态的政治又与一定形态的经济一道首先决定一定形态的文化。所以，一定的政治在一定的社会形态中，占有十分重要的不可替代的作用。

为了进一步弄清什么是政治学，让我们进一步从习近平总书记"5·17"讲话中寻找答案。习近平总书记指出："马克思主义理论体系和知识体系博大精深"，"涉及历史、经济、政治、文化、社会、生态、科技、军事、党建等各个方面";"中国特色哲学社会科学"应该"体现系统性、专业性。中国特色哲学社会科学应该涵盖历史、经济、政治、文化、社会、生态、军事、党建等各领域,囊括传统学科、新兴学科、前沿学科、交叉学科、冷门学科等诸多学科,不断推进学科体系、学术体系、话语体系建设和创新,努力构建一个全方位、全领域、全要素的哲学社会科学体系"。在列举的所有学科中,习近平总书记没有直接讲到法学,这决不是总书记的疏漏。法学本身不是一个领域,它仅是渗透到社会各个领域的一个工具,是阶级斗争的工具,是阶级意志的体现。法学也十分重要。但在总书记的讲话中,法学在哪,我个人理解,法学涵盖在政治学的之中。

无论从毛泽东的论述,还是习近平的论述,都说明我们不能把政治学的内涵理解得过于狭窄甚至偏颇。政治学的研究领域十分广阔,其研究对象应该是经济、政治和文化这三者组成中的"政治"即也可以称之为"大政治",应是与历史、经济、文化、社会、生态、军事、党建等各个领域相并列的政治领域,而不是仅仅限定于公共政策、公共管理、人事管理、社会调查与社会统计等方面的"小政治"。具体而言,政治学就是研究群众、阶级、领袖、政党、国家、政府、军队、法律以及统一战线、战略策略等方方面面发展变化着的活动及其联系并上升到规律和本质的学问。仅仅研究公共政策、公共管理、人事管理、社会调查与社会统计等方面的"小政治"学,既不能有效地为坚持和发展中国特色社会主义服务,也不利于中国特色、中国风格、中国气派政治学的创新发展。

政治学作为治国理政的学问,其研究应当顺应历史趋势、围绕时代主题、坚持问题导向、满足人民期待。新时代中国政治学的创新需要适应新形势新任务的要求,紧随时代步伐,站在历史高度,坚持正确的政治方向、理论方向和学术方向,从理论与实践的结合上总结和提升马克思主义中国化的经验,在与政治建设和政治发展的互动中繁荣发展中国特色、中国风格、中国气派的政治学。

中国政治学研究的根本任务是为坚持和发展中国特色社会主义政

总序一

治制度服务，把马克思主义的基本原理与当今世情、国情、党情相结合，不断解决坚持中国特色社会主义政治制度和依法治国中的重大理论问题和实践问题。在经济全球化、政治多极化、文化多样化、社会信息化的当今世界，在改革开放和中国特色社会主义现代化建设的关键时刻，政治学研究者应该进一步增强责任感和使命感，坚定马克思主义信仰、坚定正确的政治立场、坚持理论与实践相结合，把政治学放到世界和中国发展大历史中去创新，着力建构中国特色社会主义的政治学。

郑州大学政治学团队正是立足"大政治学"的研究视野，服务国家和区域经济社会发展，着力研究"互联网国际政治学""政治安全学""文化政治学"，并取得了阶段性的丰硕成果。其中，余丽教授经过多年潜心研究出版了一部开创性学术著作《互联网国际政治学》，并入选2016年度"国家哲学社会科学成果文库"，这在一定程度上填补了业界空白，对我国国际政治学科的建设和发展都具有较为重要的作用。在郑州大学政治学学科荣获河南省重点学科之际，郑州大学政治学学科团队出版"郑州大学政治学丛书"，助力推进郑州大学"双一流"建设。

李慎明
2019年7月于北京

总 序 二

政治学是研究社会政治关系及其发展规律的学问,改革开放四十年来,在党和政府领导下,在前辈学者开拓和建设的基础上,在政治学同人的共同努力下,政治学已经成为我国哲学社会科学领域的重要学科,成为我国治理现代化建设的支撑学科,培养了一大批治国理政和政治学学术人才。

在习近平新时代中国特色社会主义思想指引下,构建具有科学性、民族性、原创性、时代性和专业性的中国特色社会主义政治学学科体系,建设具有中国特色、世界水平的一流政治学学科,是新时代政治学学科发展和建设的目标之所在。

同时,我们清醒认识到,我国政治学学科发展和建设面临的任务相当艰巨,所涉及的内容和范围也十分广泛。从宏观来看,按照社会科学发展的基本规律,任何一门社会科学学科的发展,首先集中在学科基本理论的发展和突破、研究方法的更新和扩展、重要研究领域的选择和深化这三个方面。按照这一基本规定性,可以认为,我国政治学的学科发展,应该把着眼点放在基础理论的深化发展、研究视角和方法的拓展以及具有重大现实和实践价值的领域确定和研究方面。这就要求我们首先要基于时代的发展和政治实践的进步,深入研究政治学的基本理论问题,以期在政治学基本理论研究方面取得突破性进展,进而形成具有相对成熟和科学的政治学基本理论。其次,在马克思主义政治理论和方法指导下,围绕政治学基本理论问题,结合时代和实践,针对新时代中国特色社会主义现代化和改革开放事业发展提出的重大实践问题,展开深入研究,力求获得重大突破。最后,需要对中国特色社会主义政治实践形成的经验加以总结提炼,上升为政治学的理论形态。

政治学本质上是经世致用之学。政治学的生命力不仅在于其学术价值和理论价值,更在于其实际应用价值,这是政治学研究保持强大生命力的原动力。在这其中,尤为重要的是,我国政治学研究应该特别关注中国社会和政治发展的独特性。中国作为具有五千年文化传统的东方文明古国,作为中国共产党领导人民在半殖民地半封建社会基础上建设起来的社会主义国家,作为从传统计划经济转向社会主义市场经济的国家,它的社会、政治、经济、文化诸方面都具有自身的特殊属性,其发展和变革在人类社会文明发展史上亦具有独特之处,其在发展和变革过程中面临的许多问题,更是史无前例。这些独特之处,既是我国政治学学科发展和建设的巨大挑战,又为政治学科的发展和建设带来了独特机遇。

中国特色社会主义发展的新时代,为我国政治学人提供了前所未有的广阔舞台,也呼唤着政治学研究者的新探索、新理论、新创造和新贡献。作为习近平新时代中国特色社会主义事业发展的纲领性文件,党的十九大报告具有鲜明的政治特性,集中展现了中国共产党人新时代锐意开拓发展的中国立场、中国气派、中国风格和中国智慧,周详阐述了新时代中国特色社会主义政治建设和发展的目标任务、总体布局、战略布局、发展方向、方式动力和实际步骤,是新时代中国政治学发展前行的航标和指南针,确立了中国政治学研究的历史方位、根本依据、指导思想、人民属性、主要命题、总体目标、核心精髓以及重大使命。

在新时代的历史方位下,我国政治学人应该坚持辩证唯物主义和历史唯物主义,以人类社会历史发展为宏远视野,以习近平新时代中国特色社会主义思想为指导,根据中国社会主义经济政治社会的历史发展变化,深入研究共产党执政规律、社会主义社会政治建设规律和人类社会政治发展规律,紧紧把握"新时代治理什么样的国家和怎样治理这样的国家"这一重大时代和实践课题,从政治意义上分析和定性新时期、新阶段和新时代的各种矛盾,推进人民民主与国家治理的有机结合,为深入研究中国特色社会主义新时代的治理模式和深入探索中国特色社会主义政治发展道路贡献智慧和力量。

郑州大学政治学团队坚持本土化与国际化相结合,立足扎根中国的深厚土壤,以中国的实际问题为首要关切,着力研究"互联网国际政治学""政治安全学""文化政治学",已经取得了阶段性成果。其中尤其值得一提的是,本学科带头人余丽教授的专著《互联网国际政治学》入选2016年度"国家哲学社会科学成果文库",对学术前沿问题互联网国际政治学、网络空间政治安全管理进行了探索性、战略性、前瞻性的基础理论研究和应用研究,研究报告多次被中共中央和国务院相关部门采纳。

在郑州大学政治学学科荣获河南省重点学科之际,郑州大学政治学学科团队出版"郑州大学政治学丛书",相信必将助力推进郑州大学的"双一流"建设,必将助力我国政治学科的发展和建设。为此,特联系我国政治学科发展的时代和实践使命,以序志贺,并且与全国政治学界同人共勉!

王浦劬
2019年8月于北京

目　　录

上篇　利益关系分化与利益格局变迁

改革开放以来中国利益群体的演变轨迹、前景和特征 …………（3）
当代中国社会利益格局的变迁模式 …………………………………（18）
改革开放前中国利益结构模式的绩效评析 …………………………（28）
改革开放以来中国利益结构变迁的轨迹和模式 ……………………（38）
中国利益结构的特征和模式探析 ……………………………………（49）
改革开放的阶段性特征与收入分配制度的变革 ……………………（59）
改革开放后中国思想解放主题的路径转换 …………………………（69）

中篇　利益关系整合与社会治理

改革开放40年中国社会矛盾治理的系统性创新及
　　经验启示 …………………………………………………………（79）
郑州市城市精细化治理的实践探索 …………………………………（95）
和谐社会的历史方位与现代化发展战略的统一 ……………………（102）
人民内部矛盾理论区分矛盾性质标准的深化探索 …………………（110）
现代化进程中执政合法性资源整合的变迁 …………………………（120）
全面建成小康社会中生存型与发展型矛盾的特征及治理之道 ……（132）

目 录

下篇 利益关系均衡与中国特色社会主义完善

在开辟现代化多元发展模式中提升道路、理论和制度自信 ……（151）
中国现代化"并联式"发展道路的新特征分析
　　——以西方发达国家"串联式"发展道路为参照系 ………（163）
判断新时代中国特色社会主义历史方位的四个维度 …………（177）
从中国特色社会主义到"中国模式"：两种话语解读之差异 …（190）
中国共产党跳出"历史周期律"的模式转换与演变 …………（205）
中国共产党反腐倡廉民本思想的演变轨迹及其时代创新 ………（216）

后　记 ……………………………………………………………（228）

上 篇

利益关系分化与利益格局变迁

改革开放以来中国利益群体的演变轨迹、前景和特征[*]

社会利益关系和利益格局是中国改革开放以来最重要的变化特征之一，其中，利益主体的组织形式发生着和改革开放前不同的演变轨迹和模式。首先，是利益个体的凸显；其次，是原有的阶层分化，并重新组合为不同的利益群体；最后，形成新的利益格局和结构。不同利益群体为实现自身利益最大化展开了利益博弈，与此同时，部分强势利益群体逐步向利益集团演进。利益群体之间的博弈已经成为中国社会变迁的主要内容，利益集团已经凸显出来，或明或暗地影响中国经济社会的发展，成为过去长期回避而又不得不面对的问题。本章主要从改革开放以来中国利益主体变迁的视角出发，根据中国利益主体组织形式的变化，着重探讨利益群体的来龙去脉、发展前景及其特征。

一 改革开放初期利益主体"同质化"转变为"多样化"

（一）个体利益意识的觉醒是利益个体凸显的前提

利益主体就是"在一定社会关系下从生产活动或其他社会活动、以便直接或间接地追求自身社会需要满足的人（个体或群体）"[①]。一

---

[*] 原载《郑州大学学报》（哲学社会科学版）2009年第1期。
[①] 王伟光：《利益论》，人民出版社2004年版，第56页。

般来说，利益主体分为利益个体和利益群体。利益群体还可以细分为不同的内容，诸如，家庭、集体、集团和国家等。改革开放前中国社会利益关系的特征是国家垄断社会资源、利益分化程度低、同质性高的"总体性社会"。内容包括：首先，中华人民共和国成立前利益分层复杂的阶级社会转变为简单化的阶级（阶层）社会，即两个阶级一个阶层。其次，社会阶级（阶层）利益平均化，形成利益同质性的社会阶层。除此之外，在处理个人、集体和国家三者关系时，强调国家和集体利益，抹杀个人利益。

改革开放后利益主体的变化前提因素是个体利益意识的觉醒。利益意识是利益主体的主要特点之一，根据利益主体的利益意识范畴，可划分为个体利益意识、群体利益意识和国家利益意识三种类型。利益主体意识是"以情感、情欲、意志、目的、思想、主观需求、兴趣等形式表现出来，表现出对利益的主观需求、主观情欲、主观目的、主观兴趣和主观认识"[①]。

只有同质的利益群体，而无利益个体，这是改革开放前集体、国家和个体之间利益关系的主要特点。改革开放前中国强调集体和国家利益，抹杀个人利益，个体利益被寓于集体利益之中。根据社会发展的一般规律：有了个体利益意识之后，才有追求利益的行动。在中华人民共和国成立后构建的利益关系和结构中，注重追求集体和国家利益意识，反对和批判个体利益意识，个人利益意识被冷冻起来。通过不断增强群体利益意识的整合来推动中国经济的发展，这就抹杀了群体利益意识寓于个体利益意识、个体利益意识是群体利益的表现，这是中国经济社会发展缺少动力的一个主要原因。

中国改革开放的主要措施是放开对个体利益主体的过度束缚，促进利益主体的分化，其中包括促进个体利益意识的觉醒。主要内容包括为追求利益的行为和意识"正名"，鼓励公民追求正当利益的合法性。中国改革开放后的利益主体意识变化表现为三个特点：一是个体

---

① 王伟光：《利益论》，人民出版社2004年版，第121页。

利益意识从集体利益分化出来并空前增强；二是旧的阶级或阶层意识坍塌和分化，新的群体意识增强；三是利益主体意识多元化、复杂化，不同群体意识之间的矛盾和冲突增多。

随着个体利益合法性的确立，人民群众追求利益的意识迅速爆发，个体利益凸显以后，中国社会利益关系逐步演变为一个利益主体多元化、较高社会分化程度、异质性较强的"多元化社会"。

（二）政府是改革开放初期利益主体分化的启动者和推动者

中国社会利益主体的分化首先是政府鼓励和推动的结果，然后是市场经济促进利益主体之间的竞争。人们常常用"放权让利"来描述政府在改革开放初期推动利益分化的主要特点。改革开放前中国政府取代社会职能的空间，形成对社会的全方位控制，社会寓意政府之中，政府与社会一体化。这种特点虽然避免了中华人民共和国成立前不同阶级利益矛盾过大而导致的阶级冲突，但是，导致不同主体利益过于平均和"同质化"，导致个体对利益的追求动力萎缩，社会发展动力不足。因此，中华人民共和国成立后中国社会阶级、阶层的分化和组合以及形成的特点，是政府强制安排的结果，从这一点讲，社会学家认为中国社会利益格局的分层特点是"政治分层，而非经济分层"。

改革开放后，国家对社会的控制开始全方位的退却。首先，在处理国家与社会的关系时，归还社会的活动空间和权利，国家的"放权让利"表明国家放弃了对社会结构整合的绝对权威和领导身份，从全能型政府向有限型政府转换。政府的这种做法只是表明政府进行社会结构整合的张力释放殆尽，政府不再是社会利益关系整合的唯一动力，而更多的是社会结构变革的维持者和仲裁者。其次，在处理国家和市场之间的关系时，国家在社会资源配置的模式上开始由计划经济体制逐步转向市场经济体制。这时政府推行以市场为取向的改革，让市场经济来弥补计划经济的弊端，使市场逐渐成为社会利益配置的主要手段。这就是社会学家评论的中国改革开放后的社会结构变革"以经济分层取代政治分层"。

（三）市场经济逐渐成为推动利益分化的基础力量

利益主体意识的分化和增强的初始推动力是国家和政府，但随着商品经济和市场经济的发展，特别是中国确立社会主义市场经济体制的改革目标之后，个体利益意识的分化和增强的主要动力来自市场经济本身。而且随着市场经济的发展，利益主体的利益意识和追求越来越强大。或许是政府之前对利益意识的过度整合，导致改革开放后，中国的利益意识分化以非常态方式爆发和演进，个体利益意识迅速从集体利益意识中分化出来并超过群体意识。这一点大大超出改革开放设计者所料想的范围，以至于在改革开放后不长的时间内，党和政府不得不重提和加强集体意识及国家利益意识的重建。利益主体分化的另一个突出特点是利益主体之间的差距迅速拉大，主要内容是个人之间、群体之间、区域之间和行业之间的收入差距越来越明显。市场经济在增进人们追求利益的同时，也带来了副作用。

二 新的利益群体在分化和重组中展开博弈

利益个体的凸显必然导致原有的利益结构的坍塌，利益个体在追求利益最大化的同时，必然要重新组合为新的利益群体。如何用科学的范畴来描述社会转型中的利益关系和结构的变化，是社会科学工作者关注和解决的一个关键内容。"阶级"因其描述利益根本对立的社会范式而被冷处理，"阶层"对中国社会利益结构分化的描述更倾向于结果而非过程。近些年，利益群体因其具有"动态性"的描述特点，已成为中国学者分析社会结构变化的最重要范畴之一。

"使用利益群体、利益集团的概念，有一种含义在内，就是该集团内部的构成是随着利益的变化而随时调整的。所以，利益集团或利益群体的说法比较能反映出中国社会结构变迁的现状。"[①] 对利益群

[①] 李强：《当代中国社会的四个利益群体》，《学术界》2000年第3期。

体范畴的解释目前学术界还没有一致的看法,利益群体范畴解释的核心内涵是"在物质利益上地位相近的人所构成的群体"①,或者说"在经济利益上地位相近的人所构成的群体"。李强先生的解释更能抓住利益群体范畴的本质意义,从而使利益群体的范畴建立在更科学的基础上,避免了过去许多学者用"利益"概念来解释利益群体的模糊做法。

(一) 中国社会分化、重组新的利益群体的结构

如果说1978—1992年,中国改革处于计划经济与市场经济的博弈之中,中国经济体制改革的根本目标还不明确,政府还在相当程度上干预社会结构的变迁,中国处于政治分层与经济分层的混合体之中的话。到了1992年,社会主义市场经济体制取向的改革尘埃落定,市场经济成为社会结构分化的主导者,政府越来越倾向于超越不同利益群体的纷争,成为仲裁者,中国进入不同利益群体分化和博弈的时代。

首先,原有的阶层分化为不同的利益群体。改革开放前,中国每个阶层的利益差距很小,"同质化"是利益阶层的一个主要特点。改革开放后,每个阶层分化为不同的利益群体,形成利益主体"多元化"。改革开放前中国的农民阶级同质性强,是几乎没有分化的一个阶级。改革开放后,农民阶级迅速分化,形成了不同的利益群体,普遍认同的观点是农民分化包括职业分化、收入分化、权力分化、声望分化及阶层分化等,其中职业分化与收入分化构成了农民分化的基础。

20世纪80年代末和90年代初,中国学术界已经开始研究农民的这种社会流动和社会分化,提出了不同的农民分层观点,其中有4个层、6个层、8个层、10个层、12个层等的分层之说。在学界得到多数认可的农民8个阶层划分框架,即农业劳动者、农民工、雇工、农

---

① 李强:《当代中国社会的四个利益群体》,《学术界》2000年第3期。

民知识分子、个体劳动者、私营企业主、乡镇企业管理者、农村管理者8个阶层[①]。

同样，工人阶级也经历了利益群体的分化和重组，工人阶级内部分化的原因较农民阶层的分化更为复杂。学者阎志民把工人阶级的利益群体划分为生产人员、服务人员、办公室人员、技术人员、公务人员、知识分子经营管理者等[②]。这里以职业声望和收入把中国工人阶级分为以下几种类别：（1）精英阶层：由国家大型企业负责人、国有大公司经理组成。（2）中间阶层：工人阶级内部的中产阶层，又可分为中上阶层和中下阶层。中上阶层主要包括高级技术人员、国有中小型企业经理、外资的白领雇员、国家垄断行业的职工；中下阶层主要有：一般专业技术人员、企业中下层管理人员。（3）普通工人阶层：指凭借体力和操作技能使用生产工具，生产物质产品，提供劳动或者为这些生产提供辅助帮助的群体。（4）贫困工人阶层：这一群体包括家庭平均收入处于贫困线以下的困难企业职工、下岗、失业职工。

其次，中国社会出现了新的利益群体。新的社会阶层是对自20世纪70年代末期改革开放以来，中国出现的不同于工人、农民、知识分子的新的社会群体的总称。2001年7月1日，江泽民同志在庆祝中国共产党成立80周年大会上的讲话中首次使用了"新的社会阶层"的提法，主要包括以下四类社会群体：（1）不同所有制产生的社会群体。主要包括受聘于外资企业和中外合资企业的管理技术人员、个体经营者、私营企业主。（2）新兴产业所包含的社会群体。主要包括民营科技企业的创业人员和技术人员。（3）中介组织的从业人员。（4）边缘性的社会群体。主要指自由职业人员，即没有供职于任何经济组织、事业单位或政府部门，而是在国家法律、法规、政策允许的范围内，凭借自己的知识、技能与专长，为社会提供某种服务并获取报酬的人员。

---

① 陆学艺：《当代中国社会阶层研究报告》，社会科学文献出版社2002年版，第56页。

② 阎志民：《中国现阶段阶级阶层研究》，中共中央党校出版社2002年版，第89页。

最后，中国社会分化为复杂的社会群体结构。改革开放的利益群体结构是典型的"两个阶级和一个阶层"，再进一步细分，是"工人、干部、农民和知识分子"四个群体。在如此人口众多的国家中，社会群体结构的单一性和同质性，在世界上都是罕见的。仅仅经过30年左右，中国社会利益群体的数目急剧增加，目前关于中国社会的群体结构还没有一致的意见。例如，陆学艺曾经把现在的社会结构划分为"十大阶层"，这十大阶层就是十大利益群体，这十大利益群体尚不能涵盖中国所有的利益群体变革的现状。学术界公认的是中国用不到20年的时间里，完成了从单一、同质结构的社会结构到利益群体的全方位分化，走完了西方发达国家一百多年的历程。中国利益群体分化的速度是惊人的，表现为利益群体分化的周期急剧缩短。

（二）中国利益群体之间博弈的不平衡性

市场取代政府成为社会结构分化的主要动力，标志着利益分化的方式、内容和结果均呈现出相反的差别。整个社会利益群体的分化、整合和博弈呈现出接近市场经济的特点。

从不同利益群体实现利益最大化的博弈过程来看，分为两个步骤。第一个步骤是在市场经济的基础上，不同利益群体之间通过在市场经济基础之上的博弈，实现自身利益和占有社会资源的最大化。第二个步骤是不同利益群体通过影响公共政策的制定，实现自身获取利益的最大化。政府主要通过公共政策的制定实现自己对社会资源的再分配，不同利益群体之间的博弈又通过影响政府的政治决策和公共政策的制定，使公共政策制定的内容有利于自身的利益。这两个博弈过程分属于两个层面：一个是经济层面的利益博弈，另一个是政治层面的博弈，不过，政治层面的博弈最终还要通过经济层面来完成。

中国利益群体博弈面临两大挑战：一是强势利益群体利用更多的资源来影响公共政策的制定，使立法、公共政策的出台更有利于他们获取利益最大化。不同利益群体在分化过程中，在先赋性和后致性因素影响下，他们各自所占有的资源不尽相同，从而使他们在分配社会资源的过程中形成强势利益群体和弱势利益群体。在中国社会中，根据不同利益群体占有的资源不同，将他们划分为劳动、资本、知识和权力四大利益群体。不同利益群体所掌握的资源不同，导致他们在分配社会资源时的结果不同。以此为依据，权力、资本和知识群体在利益博弈中属于强势群体，而劳动群体在利益博弈中属于弱势群体。

中国利益群体的博弈不仅完成了强势群体和弱势群体的分化，而且使他们在经济利益的分配中呈现出明显的差别。强势利益群体利用权力、资本和知识等更接近政治决策和公共政策制定的资源，通过更多的渠道来进行利益表达，影响甚至改变政治决策和公共政策的制定，使公共政策朝着有利于他们的方向发展。强势群体通过影响政治决策和公共政策的制定，从而使他们在利益分配中处于更加有利的位置，并由单纯的经济博弈逐渐走向政治博弈的阶段。

二是在当前利益博弈中，弱势利益群体和强势利益群体博弈呈现不对称性。在市场经济下，个人利益表达的发展呈现出以下路径：首先，是利益个体的表达；其次，是利益群体的表达；最后，是利益集团的表达。强势群体在资本、知识和现代信息技术中都有相对的优势，他们由分散的利益群体向利益集团过渡，在利益博弈的过程中，显示出某些利益群体走向利益集团化的倾向。弱势群体在资本、知识和沟通方面明显落后，呈现出利益群体的分散和松散的结构。一方面，强势群体利益表达走向利益集团化，呈现出利益表达的专业化、知识化、强势化和组织化；另一方面，弱势群体利益表达仍处于分散化、非专业化和非组织化的状态。强势利益群体和弱势利益群体在组织特征发展的不对称性，为他们以后的差距拉大提供了前提。

三 利益群体发展的前景和利益群体之间博弈的特征

（一）利益集团在中国发展的现状："准"利益集团

关于当前中国利益集团的发展现状，学术界的看法有较大的差别。一部分人认为中国已经出现某些利益集团，如既得利益集团、特殊利益集团和房地产利益集团等。还有学者认为：中国目前还没有利益集团，只有利益群体。本章认为中国正在由利益群体向利益集团过渡，确切地说是出现了"准"利益集团。

利益集团就是"一个具有共同态度的群体"，它通过影响政府而"向社会中的其他群体提出一定的利益要求或某种声明"①。利益集团的一个显著特点是不以掌握公共权力为目标，专心于维护特定的利益。由于利益集团的特有性质，在西方社会，利益集团正被看作是重要的利益沟通渠道。

首先，要明确利益集团和利益群体的关系。利益集团和利益群体这两个概念的词源，都来自英文的 Interest Group。从这一点说，两者是同一个词，只不过翻译不同而已。利益集团和利益群体有共同的特点，就是两者有共同的利益诉求。主要不同之处在于：是否具有组织性。《布莱克维尔政治学百科全书》对 Interest Group 这一词条的解释，突出了它的组织性问题，认为它是"致力于影响国家政策方向的组织"。

中国利益主体发展的轨迹是：利益个体的凸显→利益群体→准利益集团→利益集团。中国准利益集团发展是由强势利益群体的发展转换而来。从利益群体发展到利益集团有一个过程，说明先有利益群体然后才有利益集团。

所谓利益集团必须具备的条件：形成了一个组织形态，成员具有共同的利益或目标。这个组织为了共同的利益或目标向政府机构提出要求或施加压力，使其制定的政策符合它们的利益。根据这个判断，到目前为止，中国还没有"发育"成真正意义上的利益集团。中国的准利益集团现象也带有自己的特点，因为按照中国法律规定，所有的利益群体必须有一个组织，这个组织常常称为社团，它必须要挂靠一个主管部门，而行政主管部门的某些干部实际上就担任社团的领导

---

① 王长江：《现代政党执政规律研究》，上海人民出版社2003年版，第78页。

人。这样就使中国目前的社团具有民间和官方的双重性，所以说它是准利益集团。"官民双重性"使这些社团表达自身利益的行为受到一定的限制，使各个社团只能在行政主管部门的控制下活动。这和西方不同，西方的利益集团是不受政府和政党控制的，有自己的独立性。这和我们国家的政权性质有关：一是国家不允许出现因某些利益的需要而结成这样或那样的"独立"组织形式。二是国家更不允许公开雇用公关公司、顾问和说客对政府进行游说活动，影响公共政策的制定。

尽管从组织性的特点看，中国还不具备西方国家真正的利益集团，但是，中国的准利益集团已经具备利益集团的某些属性和雏形。一是利用现代通信、传媒的便利条件，一些利益群体向利益集团的"组织化"的特点发展。二是强势利益群体和权力部门勾结起来，使某些权力部门的负责人成为他们的利益代言人。三是某些利益群体通过各种方式渗透、影响公共政策的制定。例如，有的房地产开发商与一些专家学者、房地产研究机构、部分媒体甚至官员联手，强占行业话语制高点，并形成一个行业性的"话语链"，以影响中央宏观调控政策。这就是部分学者认为中国已经出现了利益集团的依据。当今，中国的某些准利益集团处在十字路口，要么向前发展一步，变为真正的利益集团；要么继续充当利益群体。决定它们蜕变的关键因素在于政府。西方政治学家一直认为政府在利益集团的产生和协调方面扮演重要角色。

中国准利益集团的发展前景有三条道路：一是政府既不承认利益集团的存在也没有采取科学的对策，使准利益集团继续向组织化和专业化方向发展，渗透权力机关，由潜在变为现实中的利益集团。二是不允许利益集团的存在，采取强有力措施，遏制利益集团的出现，使准利益集团回归利益群体。三是认同利益集团的客观作用，承认利益集团的存在，采取科学对策消除利益集团的负面影响，发挥利益集团的真正作用。如何科学应对中国出现潜在的利益集团是中国共产党提高执政能力和执政水平面对的一大挑战。

(二) 社会主义市场经济条件下利益集团出现的客观性

尽管目前学术界对中国是否具有真正的利益集团还存在争议，但某些具备利益集团雏形和特点的利益群体在影响中国经济社会发展已是不争的事实。如何客观看待利益集团的属性和利益集团的出现都是不可回避的问题。从欧美国家利益集团形成的历史过程以及中国社会利益群体到利益集团的悄然崛起，说明利益集团是现代社会利益主体发展的必然结果。市场经济国家的发展表明，利益集团的问题是市场经济发展到一定阶段的一种必然要出现的社会政治现象。

现代社会利益集团的形成需要两个社会条件：一个是现代民主政治的发展；另一个是市场经济的发育。西方政治学者在研究利益集团时，有一个相同的观点：利益集团在现实社会政治生活中是客观存在的，社会政治权利的源泉是"派别活动"。利益集团与市场经济之所以会产生必然的联系，这是由市场经济的本性所决定的。在市场经济条件下，追求利益最大化是利益个体（群体）的本性，在人们的利益追求中，当个人的利益表达遇到困难的时候，人们便求助于集团，希望借助集团的力量来表达利益。而在利益表达的过程中，仅仅在经济领域中活动是不够的，它还不足以使利益得到圆满的实现，于是便促使人们进入政治领域，希望通过对公共政策的影响来更好地实现利益，这样利益集团现象便产生了。

改革开放以来，中国民主政治的出现和社会主义市场经济体制改革方向的确定为利益集团的发展提供了客观条件。面对改革开放后利益主体多元化特征导致的利益群体的出现，早在1988年，中国共产党十三届二中全会的工作报告中首次坦然地承认，中国社会存在着不同的利益集团，"在社会主义制度下，人民内部仍然存在着不同利益集团的矛盾"[①]。但随后政治体制改革的受阻，以及对利益集团的价值判断增强，导致对利益集团的研究陷入相对沉默的时期，20世纪90年

---

① 《中国共产党十三届二中全会公报》，《人民日报》1988年3月21日第1版。

代后随着社会主义市场经济体制改革方向的确立,利益群体快速向利益集团发展,并对中国经济社会产生了多方位的影响。恰恰在这一时期,我们对利益集团研究的滞后和利益集团的快速发展形成了明显的反差。

这种反差造成的后果是多方面的。因为回避利益集团崛起的客观现实,必然导致对利益集团研究的滞后。中国政府对利益集团崛起制定不出相应的对策,致使利益集团在公共政策制定方面产生大量的负面影响。最值得注意的是一些强势利益群体和权力部门暗中联合起来,制定出符合自己利益最大化的公共政策,严重损害了国家和人民的利益。

(三) 对利益集团属性的再认识

过去,我们对利益集团和西方政治学者的主要区别是:中国研究利益集团的一个主要视角就是价值判断和意识形态判断。价值判断在中国社会有长期的渊源,中国古代社会的"义利"之辨就是最恰当的例证。中华人民共和国成立后,中国长期的"重集体、国家、轻个人"的利益观念,致使我们对西方的利益集团采取以意识形态为主的价值判断。在西方,政治学者对利益集团的认识和中国截然相反。虽然西方政治学者在评价利益集团时并不是完全一致,但在总体上持以下观点:第一,利益集团在现实社会政治生活中是客观存在的,社会政治权利的源泉是"派别活动"。第二,政府的作用在于它的平衡机制,防止专制的产生和控制"派别活动"的有害方面,重点应在多重性的平衡、制约原则上。第三,只有当利益集团很活跃,而且各利益集团之间形成了相互制衡的局面时,利益集团参与决策过程本身才是民主的一种方式,否则利益集团的存在有悖于民主。

在世界政治学文献中,"利益集团"一词本身毫无贬义,它对民主政治来说是不可或缺地存在。中国和西方对利益集团的判断截然相反,这说明在不同的语境下,利益集团有不同的含义。只有当利益集团和权力勾结起来,形成既得利益集团和特殊利益集团时,它才被赋予贬义。

因此，我们观察利益集团必须转变价值判断和意识形态视角，而代之于新的视角。首先，是确立利益集团的客观性；其次，是把利益集团和市场经济与民主政治发展结合起来，这样，才能还原利益集团真正的面目。除此之外，还要利用利益集团的正面作用，克服利益集团带来的负面效应。经济学家厉以宁也较早注意到了利益集团的问题。他在《转型发展理论》中说："利益集团是一个不明确的概念，它是以经济利益目的相联系的一种无形组织。所谓利益集团是指这样一些人，他们彼此认同，有着共同或基本一致的社会、政治、经济利益的目的。因此，他们往往有共同的主张和愿望，使自己的利益得以维持或扩大。改革开放后，中国社会出现了若干个利益集团。但迄今为止，学术界对现阶段中国利益集团的研究是很不够的。"[①]

（四）政治参与和利益集团对公共政策的影响

当一个群体确定了自身利益的要求后，就要把这种要求传达到政策中心，对公共政策的制定过程施加影响。因此，利益集团问题的核心是一定的利益主体如何表达利益的问题。

利益表达的问题，实际上就是一个社会的政治参与问题。政治参与是社会公众为实现或扩展自身利益而通过各种途径和方式对政治制度施加影响的活动。利益表达和这个社会民主政治结构与模式相关，也和这个不同利益群体自身的资源有关系。在中国政治参与的手段还不是十分健全的情况下，自身的资源对群体的政治参与有直接的关系。在权力、资本、知识等利益群体和劳动弱势利益群体占有资源差别较大的情况下，不同利益群体表达利益诉求的方式和效果差别较大，典型的是近几年农民工是我国利益受损较为严重的群体，但是，我们在网络上很难看到农民工的利益诉求。强势利益群体和弱势利益群体表达利益诉求的主要差别是：强势利益群体通过合法的手段（网络、媒体、"两会"）表达自己的利益诉求。弱势利益群体则通过非

---

① 厉以宁：《转型发展理论》，同心出版社1996年版，第161页。

法手段（非法上访、游行、犯罪）等方式表达利益诉求。

值得注意的是随着部分强势利益群体向利益集团的迈进，弱势利益群体在利益诉求表达上更是和准利益集团呈现非对称性，并且这种差距越来越大，最终将体现在对公共政策制定的影响上。当弱势群体还在合法权益得不到保障而奔走时，强势利益集团已经开始影响公共政策的制定，实现公共政策利益最大化。中国时政权威期刊《瞭望》杂志以题目为《警惕部门利益膨胀》的文章提到，"随着市场化的发展以及政府拥有广泛资源与强大干预能力，中国的各种'利益集团'迅速产生和发展起来，对政府的决策以及政策的执行施加广泛而深远的影响"[1]。

（五）政府在调控利益群体博弈平衡中的作用

中国共产党提出构建社会主义和谐社会，一个主要内容就是拓宽民众，特别是弱势群体的利益表达渠道。拓宽利益表达渠道的方法多种多样，但最根本的是消除强势利益群体和弱势利益群体的利益表达的严重失衡状态。目前，中国强势利益群体掌握着权力、资本和知识等社会资源，而弱势群体所掌握的劳动资源在市场经济竞争中处于明显的劣势。单靠弱势群体完成向利益集团的自我转化，显然是一个漫长的过程，政府在推动弱势利益群体向利益集团转化过程中充当"助推器"的角色。政府作为公共权力的掌握者，一方面要超越各个社会群体和利益集团的利益之上，成为他们竞争的"仲裁者"，在市场经济竞争中扮演公平的角色；另一方面面对市场经济的分化和不公平，政府要在维护社会公正方面负有更多的责任。

面对中国弱势群体在利益博弈中的失衡地位，政府积极推动弱势利益群体加快组织化和专业化的发展步伐，从而使弱势利益群体在利益表达中与强势利益群体处于相似的发展阶段。主要内容包括：推动弱势利益群体由分散化向组织化转变，利用现代媒介加强弱势利益群

---

[1] 《警惕部门利益膨胀》，《瞭望·新闻周刊》2007年第11期。

体的沟通，增加弱势利益群体表达的专业化，增强弱势群体在新闻媒介中的话语权，以便和强势利益群体抗衡。政府在公共决策和政策制定上，应积极采纳和反映弱势群体的利益诉求，使弱势利益群体和强势利益群体在利益博弈中处于相对平衡的状态，实现弱势利益群体的自我发展的内生变量。

当代中国社会利益格局的变迁模式[*]

1978年开启的改革开放是中国现代化进程中又一次发生的利益关系和利益模式大转换，利益格局变化成为中国经济社会变迁中最重要的内容之一，党的十六届六中全会把"利益格局深刻调整"作为中国改革开放中的经济社会四个深刻变化的重要内容之一。改革开放的本质就是利益关系的再调整和利益资源的再分配过程。从传统社会主义利益格局转变为现代社会主义市场经济利益格局，表明中国调整利益关系的动力、目标和运行方式都发生了系统性的变革。利益格局的变迁模式主要研究一个国家在调整利益关系时发生的内在和规律性的变化，研究的对象是利益关系调整的方式，主要内容包括利益关系变迁的手段、动力机制和目标等内容。

一 从侧重利益分化到侧重利益整合的利益关系再调整

利益分化就是不同利益主体在追求利益的过程中由同质性向异质性过渡的状态。利益分化的主要功能有：（1）促进利益主体由简单化向多元化过渡；（2）加快利益主体由同质性向异质性转化，加大不同利益主体的差异性；（3）促进不同利益主体的竞争性，提高经济增长的效率，增强社会发展的动力。

---

[*] 原载《探索》2009年第6期。

改革开放后，中国侧重于利益分化的方式来调整利益格局的主要原因，是中华人民共和国成立后政府对利益格局的过度整合，导致利益主体简单化，利益主体收入平均化和同质化，引起社会的经济效率低下和社会发展动力不足。

改革开放初期，中国利益分化的主要方式和特点：一是改革开放初期政府主导型的利益分化模式。做出这种判断的依据是：政府是利益分化的启动者和推动者。无论是农村的家庭联产承包责任制还是城市"放权让利"的全面改革，中国改革的启动和每一步深化，政府都扮演着主导的角色。中国的利益分化是典型的政府主导型的利益分化案例，"社会的一切重大变化都是以党的政策变化为开端的"[1]。

二是改革开放初期政府侧重于扩大社会资源的总量，而不是侧重于在有限的资源内进行再分配。在利益的分化过程中，从经济学的角度看也可以划分为两种方式：一种是侧重于扩大社会资源的总量，从而提高利益分配的数量和质量；另一种是侧重于在有限资源的范围内加强国家对资源的垄断，通过利益的再分配激发社会的动力，实现社会资源数量的扩大再生产。它们的区别是前者侧重扩大资源的生产，后者侧重资源的分配。资源的分配是权力运作的结果，它可以通过加强社会整合而实现。而资源的生产却需要调动广大生产者、劳动者的积极性，它通过利益分化而实现。中国改革开放后的利益分化无疑属于后者。

三是以"放权让利"为主要内容，调整国家与社会、市场的关系，给予利益主体更多的自由和空间，促进利益主体追求利益张力的释放。"放权让利"主要是国家放弃对社会资源和利益分配的绝对控制，促使利益源泉多样化和分配方式多样化。农村的改革主要是给予农民更多的经营自主权和产品自主支配权，城市的利益调整首先表现在国家和企业之间、企业和个人之间利益关系的划分，国家给予企业更多的经营自主权，给予企业追求利润的激励和动力机制。

---

[1] 李景鹏：《中国政治发展纲要》，黑龙江人民出版社2000年版，第78页。

随着政府全方位地调整利益关系，蕴含在人民群众中追求利益的动力立刻爆发出来，中国全面进入利益分化时代。从个体利益的凸显到原有社会阶层的分化，新的利益群体重新组合、形成。特别是社会主义市场经济体制改革方向确立后，中国的利益分化呈现出加速度的趋势。导致20世纪90年代中期后，中国利益关系和利益格局面临失衡的挑战。这个挑战不是单一的事件，而是一种"复合体"。包括：不同区域、城乡、阶层、行业的收入持续拉大，高收入和低收入群体呈现贫富分化的态势，利益绝对受损群体和特殊获益者群体的出现等。

进入21世纪，特别是以党的十六大为标志，为了化解利益格局的失衡状态，构建均衡的利益格局，政府调节利益关系和格局的主要方式由侧重于利益分化向侧重于利益整合方式过渡。利益整合就是"通过多种方式，在保证各个利益群体利益的基础上，使各个部分整合起来，构成一个利益共同体"[①]。

利益整合的主要功能有三个：（1）在经济领域使不同利益主体的收入差距处在合理的范围内，避免贫富两极分化的出现；（2）在政治领域建立相应的利益表达、诉求和协商机制，化解不同利益群体的利益矛盾和冲突；（3）在文化心理范围建立不同利益群体的社会心理认同机制，使不同利益群体形成和谐共处的局面，最终形成一个利益共同体。在这三个功能中，建立公正、合理的收入分配格局是最基本的功能，它决定着其他利益整合的两个功能，与利益相关的民主政治功能的发展是经济整合功能的扩展和条件，而建立宽容、和谐和认同的心理机制是利益整合的最高层次。

利益格局变迁方式调整的根本原因在于中国现代化建设出现了新的阶段性特征。中国社会主义初级阶段是一个动态的发展过程，会经历若干个发展阶段，在不同的发展阶段，呈现出不同的阶段性特征。进入21世纪后，中国共产党注重对中国国情发展变化的分析，特别

---

① 王长江：《现代政党执政规律研究》，上海人民出版社2002年版，第171—172页。

强调进入全面建设小康社会出现新的阶段性特征,其中,利益格局的变化成为分析和判断新的阶段性特征的主要内容和依据。党的十六届四中全会概括了我国进入改革发展关键时期的"四个深刻变化",即"经济体制深刻变革、社会结构深刻变动、利益格局深刻调整、思想观念深刻变化"[①]。

为了应对全面建设小康社会出现的新特征,化解当前利益格局呈现的失衡状态,中国共产党提出了较为完整的侧重利益整合的执政理念、执政方式和制度安排。一是在执政方式上提出了科学发展观和构建社会主义和谐社会的目标。二是在执政理念上强调公平、正义和"共享改革发展成果"的价值取向。三是提出了较为完整的利益格局调整的指导方针和制度安排。在处理城乡差距上提出了"两个趋向"的指导思想,在分配制度上提出了"效率与公平"关系的新思想。与此相适应,更提出了一系列利益整合的制度安排:加大财政转移支付力度,加快建立覆盖城乡居民的社会保障体系,建立基本医疗保障体系等。

从侧重利益分化到侧重利益整合的利益关系再调整的过程,表明中国经济社会发展会呈现出不同的阶段性特征。面对阶段性特征的挑战,利益分化和整合表现出互补性的功能,利益分化和整合都是调整中国经济社会发展的手段,其目的是要寻求经济效益和社会和谐的结合点。

二 分配制度的变革和完善成为调整利益格局的主线

利益是社会化的需要,是人们通过一定的关系表现出来的需要。利益的内容也纷繁复杂,按照客观内容,利益的构成要素由经济利益、政治利益和文化利益组成。随着改革开放后中国社会从政治分层

---

① 《十六大以来重要文献选编》(下),人民出版社2008年版,第210页。

进入经济分层，经济利益成为判断人们在社会分层中位置的主要标尺，并决定着人们的政治利益和文化利益。经济利益的实现又必须通过一定形式的分配制度来完成，分配制度是社会经济制度的重要组成部分，也是处理社会成员之间利益分配的基本机制。当前中国不同群体收入差距过大，出现了贫富分化的现象的原因是综合性的，收入分配制度的变革无疑是导致改革开放前后收入差距迅速拉大的核心要素。

改革开放以来，中国分配制度变革和完善走过了"三部曲"。第一步是改革开放初期，分配制度变革的主要内容是恢复按劳分配的本质和内涵；第二步是1992年之后，建立社会主义市场经济的现代分配制度；第三步是进入21世纪，完善社会主义市场经济的分配制度。

在中国改革开放初期，邓小平以敏锐的战略眼光，在分配制度方面打开了一个突破口，从而掀起中国改革开放的大潮。他在评价党的十一届三中全会的政策时说："改革首先是从农村做起的，农村改革的内容总的说就是搞责任制，抛弃吃大锅饭的办法，调动农民的积极性。"[①] 另一次对中国社会分配制度变革产生深远影响的就是1992年社会主义市场经济体制改革目标的确立。

党的十五大提出了中国社会主义市场经济分配制度的指导思想和分配模式。提出"把按劳分配和按生产要素分配结合起来，坚持效率优先，兼顾公平，各种生产要素按贡献参与分配"[②]。这是对社会主义传统分配制度的重大突破，创新之处主要体现在指导思想上的重要变化。过去我们分配制度的指导思想离不开社会主义的公平公正思想，一是提出"效率优先，兼顾公平"，和过去的分配指导思想相比较，是一个划时代的变革。二是分配机制的创新，第一次确立把资本等生产要素参与收益分配，打破了过去仅仅把劳动作为分配的唯一依据。第一次把分配制度置于社会主义初级阶段基本经济制度和社会主

[①] 《邓小平文选》第3卷，人民出版社1993年版，第117页。
[②] 《十五大以来重要文献选编》（上），人民出版社2000年版，第232页。

义市场经济基础之上。

在社会主义市场经济分配制度指导下，中国经济社会发展进入"快车道"，同时，也出现了区域、阶层、行业和城乡之间的收入差距逐步增大，收入分配面临着新形势。党的十七大在指导思想和基本框架方面进一步完善市场经济的分配制度。在指导思想上，完善效率和公平的关系，在注重效率的同时，更加注重公平，寻求效率和公平的结合点，提出"初次分配和再分配都要处理好效率和公平的关系，再分配更加注重公平"①。在完善分配制度框架的路径选择上：（1）逐步提高居民在国民收入分配中的比重，提高劳动报酬在初次分配中的比重；（2）建立职工工资正常增长机制和支付保障机制；（3）消除腐败收入、权力部门灰色收入和垄断行业过高收入，扭转收入秩序混乱现象；（4）强化税收调节，扩大财政转移支付力度，提高低收入者的收入。

三 利益格局变迁动力机制围绕着"国家与市场"的分层和定位

从改革开放初期的"放权让利"到市场与计划的争论，从市场经济改革取向的定位，直至转变政府的职能，国家加大对收入分配差距的宏观调控职能和社会服务职能，利益格局中的变迁力量始终围绕着国家与市场之间关系进行定位。

改革开放以来，中国利益关系的变迁动力始终围绕着国家与市场关系定位，主要内容包括：一是探索利益格局变迁的主导力量。二是围绕两者之间关系的合理定位和分层。从中国改革开放的国家与市场关系调整的整个轨迹来看，国家的调整利益关系的职能在减弱，而市场经济的作用逐步加强。改革开放前，中国的利益格局是国家强有力安排的结果，属于全能型政府，是典型的"政治分层"，这种抹杀市

---

① 《胡锦涛文选》第二卷，人民出版社2016年版，第643页。

场作用的分层暴露出它的弊端。

改革开放后,利益关系的改革,始终围绕着国家与市场关系的调整。由于当时中国经济体制改革方向的不明确,这时利益格局调整的主导力量还是倾向于国家的调控,市场调节主要是为了弥补国家调控职能的缺陷,突出表现在"以计划经济为主,市场调节为辅"的指导方针。由于这种指导方针存在着内在缺陷,因此,计划经济和市场调节不能很好地结合,并存在矛盾,计划经济和市场经济之争始终伴随着中国改革开放的前期过程。

1992年之前的利益格局变迁始终是在旧的计划经济体制之下的局部利益格局调整。1992年社会主义市场经济体制改革方向尘埃落定,中国利益格局调整发生了划时代的变化,主要原因是社会主义市场经济取代计划经济成为利益格局调整的主导力量,利益格局调整的动力、基础力量都发生了根本变革。这一时期,主导中国利益格局变迁的力量从国家和计划经济调控为主,变为市场经济调控为主,国家调控力量不可或缺,但毕竟退到次要的地位。

从1992年开始,中国进入不同利益群体在社会主义市场经济条件下的利益大博弈时代,由于市场经济自身的分化性,中国利益格局出现了严重的失衡。

进入21世纪后,国家的职能被重新认同。特别是针对中国从农业社会向工业社会和从计划经济向市场经济的两个转型,我们对国家与市场之间的关系定位更加科学。这种科学认定不仅表现在国家与市场的两者不可或缺,更表现在两者的职能的分层,即利益分配从微观层次上以市场经济为主渠道,在宏观层次上国家是利益格局调节的主要力量。中国利益格局调整是微观和宏观层次,市场经济和国家调节有机结合的产物。主要表现为初次分配以市场调节为主,再分配注重国家调节。

当前,市场经济在利益格局调节中的分化职能已经发挥出来,主要是国家调节的整合职能存在着较为严重的越位和缺位。因此,国家在构建利益格局中的作用扮演更加重要的角色。

一是加快政府职能的改革,从"全能政府"向"有限政府"过渡,政府从微观市场领域中进一步地退出,遏制权力部门利益最大化倾向和垄断行业形成部门利益集团倾向。

二是加大政府经济调节职能,加大财政转移支付力度,减少低收入群体,扩大中等收入群体,使利益格局形成合理的区间。

三是加快民主政治改革的步伐,遏制既得利益集团的膨胀,消除腐败经济和特殊获益者群体。

四是扶持、培植弱势利益群体的组织发育程度。政府通过培育社会组织改变弱势利益群体的分散化等特点,通过增加弱势群体人大代表比例和名额等措施,改变弱势群体的政治参与度与现代媒体的利益表达渠道和力度。

四 利益格局变迁的目标是提供动力机制和平衡机制的结合点

一个社会能否快速和健康发展,从根本上说,取决于它有没有通过一定的制度和体制表现出良好的社会运行机制。这种机制,主要包含两个方面:一个是动力机制,另一个是平衡机制。动力机制,提供和传输社会运动、发展、变化的能源和能量亦即动力。另一个平衡机制,维护和保持着社会各部分及各种力量之间的协调、稳定和平衡。动力机制是以解决经济增长和经济效益为核心内容,促进生产力的快速发展,而平衡机制则是以解决社会公正为主要内容的有序、和谐的社会稳定,促进生产关系的发展。

从中华人民共和国成立后调整利益关系、构建利益格局的历史轨迹,可以看出整个调整利益格局的目的围绕着两个目标:一是为经济社会发展提供动力机制,主要体现在经济增长和社会发展。二是为社会发展提供平衡机制,主要体现在政治稳定和社会和谐。利益均衡格局就是体现动力机制和平衡机制的结合点。

1978年启动的改革开放,在调整利益关系方面主要是针对中华人民共和国成立后利益格局造成的收入分配过于平均化，由此带来的经济效率低下和社会发展动力不足，主要目标是解决经济社会发展动力不足的问题，为经济社会发展提供动力支持。当时中国社会普遍处于贫困状态，知青返城后的失业率较高，社会主义的优越性不足等问题，都以经济效益和经济增长的低下表现出来。提高中国经济增长的速度是解决中国当时所有问题的关键。正因为如此，1987年召开的党的十三大把以经济建设为中心作为党的基本路线的中心内容，也正是在这种意义上，邓小平同志把经济增长速度称为中国最大的政治问题。

随着中国经济持续快速发展，在20世纪90年代中后期，中国经济社会发展遇到新的一系列挑战。发展中国家现代化进程中的通病"有增长无发展"也在中国以不同的方式表现出来，突出的表现是经济快速增长和社会发展的滞后，由此带来社会矛盾和冲突凸显。进入21世纪后，中国共产党对中国现代化发展的历史方位和基本国情做出的新判断是：社会主义初级阶段的社会主要矛盾没有发生变化，但是经济社会发展呈现出一些新的阶段性特征。党的十七大从八个方面科学地总结了中国现代化建设新的阶段性特征，其中之一是"社会活力显著增强，同时社会结构、社会组织形式、社会利益格局发生深刻变化，社会建设和管理面临诸多新课题"[1]。

为了应对中国经济社会发展呈现出的新的阶段性特征，中国共产党在继续保持经济增长，为经济社会发展提供动力支持的同时，寻求社会发展的平衡机制。针对以刘易斯为代表的美国经济学家将发展完全等同于经济增长，瑞典发展经济学家缪尔达尔提出，增长不等于发展，经济发展是经济增长和社会改革的有机结合，20世纪80年代，联合国推出法国经济学家佩鲁的"整体的、内生的、综合的"新发展观。中国共产党在此基础上，提出了中国现代化建设的指导思想是

---

[1] 胡锦涛：《高举中国特色社会主义伟大旗帜　为夺取全面建设小康社会新胜利而奋斗》，人民出版社2007年版，第8页。

科学发展观,较之其他的发展观,"以人为本"的科学发展观有更高的科学内涵和方法论。在社会发展的目标上,提出了构建社会主义和谐社会,突出表现是把经济增长和社会发展联系在一起,把以改善民生作为化解社会危机的重要内容,寻求经济增长动力机制和社会发展的平衡机制有机结合。

改革开放前中国利益结构模式的绩效评析[*]

利益结构是影响一个社会发展的深层次系统,本文认为关于利益结构的概念是指:一定时期内,在占统治地位的社会生产关系的基础之上,不同利益主体在追求利益的过程中,形成的利益关系结构和态势。利益结构对一个社会的运行、稳定和发展具有若干个功能:(1)导致社会中不同阶层和群体的各种利益关系和社会矛盾的变化,是影响社会冲突和社会与政治稳定的基础;(2)利益格局直接影响一个社会结构的变化,是社会结构形成的基础,阶层分化过程的实质是一个社会各阶层利益重新分配的过程;(3)为经济社会发展、运行提供动力机制和平衡机制。

1978年被认为是中华人民共和国成立后中国经济社会发展模式的明显分水岭,因为经济社会发展的动力、目标和模式的分野,导致中华人民共和国成立后社会利益结构模式也呈现出两个较为明显的阶段,本文主要探讨1949—1978年中国社会利益结构的绩效评价。

一个利益结构模式是否合理包括两个因子:一个是经济因子,它包括经济增长和经济效率,主要考察利益结构为经济发展提供的动力支持;另一个是社会因子,主要维度是社会公平公正度,主要内容包括收入分配差距合理度、政治制度的合法性基础和意识形态的话语权

---

[*] 原载《中共石家庄市委党校学报》2009年第5期,被人大复印报刊资料《经济史》2009年第5期转载。

等，主要考察他为社会发展提供的社会平衡力度。一个合理的利益结构模式应该是两个因子的恰当结合，既能促进持续、快速的经济增长，又能保持社会稳定的相对平衡。

以利益结构模式绩效的阶段性特征为依据，将中华人民共和国成立后的利益结构模式划分为两个阶段。第一个阶段是从1949年到1958年，第二个阶段从1959年到1978年。在不同阶段，利益结构展示的功能和绩效具有不同的特征。

一 20世纪50年代，利益结构在促进经济绩效增长和社会公平方面展示出它的双重优越性

1949年到1958年的第一个阶段：中华人民共和国成立后构建的利益结构既是社会制度变革的产物，又对社会制度的巩固产生不可替代的作用。中华人民共和国成立初期，中国的首要任务是巩固新生的人民政权和社会主义制度，这是当时压倒一切的任务。这一首要任务本身决定了中华人民共和国成立初期，利益结构模式隐含着两个参照系：一个是中华人民共和国成立前国民政府时期利益结构模式的绩效；另一个是以世界资本主义国家的经济绩效为参照系。

在这两个参照系中，第二个参照系更具有现实意义，中华人民共和国成立的意义已经超出本国的范围，纳入战后世界经济政治格局之中。"1949年中国革命的胜利和中华人民共和国的成立，冲破了帝国主义的东方战线，极大改变了世界政治力量的对比，标志着世界社会主义阵营的形成。以美苏为首的两大阵营的对立和斗争由此开始。"[①] 中国领导人在实施追赶型工业化发展战略中，提出了"超英赶美"的口号，表明中国在经济绩效的发展速度和目标上把发达资本主义国家作为现实中的参照系。（见表1、表2、表3）

---

① 方连庆等：《战后国际关系史》（上），北京大学出版社1999年版，第1—2页。

表1　1950—1980年社会主义国家和资本主义国家的国民生产总值和人均国民生产总值的平均年增长（括号内为人均数值）（单位:%）

		1950—1960	1960—1965	1965—1970	1970—1975	1975—1980
计划社会主义国家	捷克斯洛伐克	4.8（3.9）	2.3（1.6）	3.4（3.2）	3.4（2.7）	2.2（1.5）
	民主德国	5.7（6.7）	2.7（3.0）	3.0（3.1）	3.4（3.8）	2.3（2.5）
	苏联	5.7（3.9）	5.0（3.5）	5.2（4.2）	3.7（2.7）	2.7（1.8）
	波兰	4.6（2.75）	4.4（3.2）	4.1（3.4）	6.4（5.4）	0.7（0）
	匈牙利	4.6（4.0）	4.2（3.9）	3.0（2.7）	3.4（2.9）	2.0（1.9）
	罗马尼亚	5.8（4.55）	6.0（5.3）	4.9（3.7）	6.7（5.8）	3.9（3.0）
	保加利亚	6.7（5.9）	6.7（5.7）	5.1（4.2）	4.6（4.2）	0.9（0.9）
	中国	7.9（5.6）	4.0（3.6）	7.1（4.0）	7.0（4.5）	6.2（4.6）
	未加权的平均数	5.7（4.7）	4.4（3.6）	4.3（3.6）	4.8（4.0）	2.6（2.0）
资本主义国家	美国	3.3（1.5）	4.6（3.2）	3.1（2.1）	2.3（1.6）	3.7（2.6）
	加拿大	4.6（1.3）	5.7（3.8）	4.8（3.0）	5.0（3.6）	2.9（1.9）
	联邦德国	7.9（6.3）	5.0（3.5）	4.4（3.9）	2.1（1.7）	3.6（2.7）
	丹麦	3.6（2.9）	5.1（4.3）	4.5（3.7）	2.8（2.4）	2.7（2.4）
	挪威	3.6（2.5）	4.8（4.3）	4.8（3.9）	4.6（4.0）	4.6（4.2）
	比利时	3.0（2.5）	5.2（4.5）	4.8（4.4）	3.9（3.5）	2.5（2.3）
	法国	4.4（3.8）	5.8（4.5）	5.4（4.5）	4.0（3.2）	3.2（2.9）
	荷兰	5.0（3.3）	4.8（3.5）	5.5（4.4）	3.2（2.0）	2.6（1.9）
	日本	7.9（6.6）	10.0（9.0）	12.2（11.2）	5.0（3.8）	5.1（4.2）
	奥地利	5.6（5.4）	4.3（3.7）	5.1（4.6）	3.9（3.5）	4.0（4.0）
	英国	3.3（2.3）	3.1（2.4）	2.5（2.2）	2.0（1.4）	1.6（1.6）
	意大利	5.6（4.8）	5.2（4.3）	6.2（5.4）	2.4（1.5）	3.9（3.4）
	西班牙	6.2（5.3）	8.5（7.5）	6.2（5.1）	5.5（4.6）	2.3（1.3）
	希腊	6.0（5.0）	7.7（7.2）	7.2（6.6）	5.0（4.5）	4.4（3.2）
	土耳其	6.4（3.4）	4.8（2.8）	6.6（3.7）	7.5（5.0）	3.1（0.6）
	印度	3.8（1.9）	4.0（1.7）	5.0（2.6）	3.0（1.0）	3.4（1.6）
	未加权平均数	5.0（3.7）	5.5（4.4）	5.5（4.5）	3.9（2.95）	3.4（2.6）

资料来源：Murrel and Olson, 1990。

表 2 计划体制和市场经济国家 1950—1965 年的经济绩效比较 （单位：%）

类别	实际增长率（1）	潜在增长率（2）	增长率差距（2）—（1）
市场经济国家	3.75	5.49	1.74
计划体制国家	4.43	6.05	1.62

资料来源：Murrel and Olson, 1990。

表 3 计划体制和市场经济国家 1965—1980 年的经济绩效比较 （单位：%）

类别	实际增长率（1）	潜在增长率（2）	增长率差距（2）—（1）
市场经济国家	3.36	5.13	1.76
计划体制国家	3.24	5.71	2.48

资料来源：Murrel and Olson, 1990。

从这三个表可以看出：（1）从世界范围看，在 1950—1965 年，计划体制国家和市场经济国家的经济绩效大体相当，计划体制国家甚至表现出一定的优势。表明在中华人民共和国成立初期，社会主义国家的高储蓄率和高投资率在相当程度上弥补了其经济体制中的其他缺陷；（2）从 1950—1960 年，中国的经济绩效不仅和同期的大部分发达资本主义国家相比较有一定的优势，而且在社会主义国家中经济绩效也是最显著的。

这种利益分配模式为中国工业化提供了资金保障，奠定了工业化基础的建设。从宏观经济来看，这种分配制度大大提高了国民经济的积累率，这对于中国走出因经济落后、积累过低而形成的所谓贫困"陷阱"意义重大，它对保障中国在短短的 28 年，基本建立独立的工业体系起到了至关重要的作用。

另外，这种按照人口定量供应主要生活必需品、普遍提供低水平的公共产品（医疗、教育）和社会保障（农村以集体为单位），对于维持高积累条件下的社会稳定和人力资本积累还是起到了重要的作用。在此期间，国家拨付基本建设资金506亿元，集中大量的人力、物力和财力，保证了156个重点工程建设，建设了一批工业化所必需的过去又十分薄弱落后的基础工业，从而奠定了中国工业化的初步基础，取得了新中国建设的初步胜利。

中华人民共和国成立后利益结构的变革形成了有利于广大人民的利益平等分配制度，劳动人民群众迸发出火热的干劲，"20世纪50年代开始出现速率迅猛的持续增长，特别是在工业方面，尽管其后的20年间增长率放慢"[①]。在中华人民共和国成立初期的国民经济三年恢复时期，国家经济工作的中心是恢复生产、增加供给、稳定市场、初步解决社会总需求和总供给之间的严重失衡。通过3年的努力，中国的国民经济得到恢复，社会总需求和总供给的矛盾得到缓解，国民经济的总量有了较大的增长，其主要标志是工农业生产的发展速度较高。在这期间，中国农业总产值的年增长率达到14.1%，远远高于历史上的任何时期；而同期工业总产值的年增长率，更是超过了农业，竟高达34.8%。一些主要的工农业产品产量，也都达到了历史的最高水平。从总体实力上说，中国已超过了亚洲的另一农业大国——印度。国民经济的恢复和经济总量的增加，为中国工业化进程的产业结构的升级换代打下了良好的基础。第一个五年计划的胜利完成，为中国大陆的工业化奠定了坚实的基础，大大缩短了中国与发达国家工业发展水平的距离。

评价一个国家利益结构模式的合理性，除了经济绩效，社会的公平公正程度也是一个重要指标。社会的公平公正包括经济收入分配公平、民主政治建设和意识形态的话语权。1950—1956年，中国在经济上消灭了剥削制度，农村废除封建土地所有制和完成社会主义的三大改造，用"按劳分配"制度取代了剥削制度，中国迅速从一个两极分化严重的社会走向相对公平的社会。政治上人民当家作主，实现

---

① [美]吉尔伯特·罗兹曼：《中国的现代化》，国家社会科学基金"比较现代化"课题组译，江苏人民出版社2001年版，第282页。

了几千年来被压迫阶级的翻身解放,劳动阶级也掌握了意识形态的话语权。格雷戈里和斯图尔特从收入分配方面分析比较了计划社会主义和资本主义的经济绩效,得出了他们自己的结论"计划社会主义的收入分配比资本主义平等"[①]。

通过以上分析,我们可以看出,中华人民共和国成立后构建的利益结构模式完成了三项目标:巩固了人民民主政权和社会主义制度;经济增长和经济效率上取得了明显的绩效;把一个两极分化的社会改造为相对收入平均的社会,以维护广大人民群众利益整体最大化为目标,形成了"按劳分配"为主要内容的有利于广大人民群众的利益分配制度。在政治利益上,工人阶级和农民阶级当家作主,摆脱了几千年来受压迫和剥削的地位,实现了人类社会追求的公平公正的价值理念。

二 1958—1978 年利益结构继续展示经济绩效和公平合理的同时,更多暴露经济绩效的下滑和社会公平度的下降

从 1958 年到 1978 年的第二个阶段:随着社会主义现代化建设的逐步推进,中华人民共和国成立后构建的利益结构模式的弊端逐步暴露出来,中国经济增长和效率的下降可以从表1、表2和表3中反映出来。第一,在 1965—1980 年,计划体制国家的经济效益开始明显落后于市场经济国家。虽然从表象看,计划经济体制国家的实际增长率与市场经济国家相差不是太大,但分析它们的增长率差距变化就可以看出,计划经济体制国家已经开始衰落,在 1965—1980 年,市场经济国家人均国民收入增长率和潜在人均国民收入增长率的差距(1.76%)与上一时期(1.74%)相比基本相同,但计划体制国

---

① [美]保罗·安东尼·萨缪尔森:《经济学》,高鸿业译,中国发展出版社 1999 年版,第 355 页。

家的增长率差距已经从上一时期的1.62%扩大到2.48%。换言之，市场经济国家的增长率差距仅仅扩大了2%，而计划经济体制国家则扩大了86%。第二，在资本主义和社会主义经济绩效较量的总体态势下，中国经济绩效有自己的特色，无论是同社会主义还是资本主义的比较中，中国的经济绩效在1960—1965年出现经济增长的"塌陷期"，其他社会主义和资本主义国家都没有出现这种现象，表明中国的"大跃进"和"人民公社化"运动曾给中国经济发展予以重创。第三，中国和其他社会主义国家一样，经济绩效最大的忧患是经济增长的速度在1950—1980年呈现逐步下滑的趋势，表明中国的利益结构模式在社会主义建设中的内在缺陷开始暴露。

无论是表1、表2还是表3都显示出：中国和其他社会主义国家的经济增长和经济绩效呈现出下滑趋势，为什么在20世纪50年代中国和其他社会主义的经济增长速度和绩效显著，在进入20世纪60年代以后却呈现出逐步下滑的趋势，为何会出现这么大的反差？它的原因究竟何在？中国主流思想界把它归咎于苏联社会主义模式及其弊端，"苏联的发展模式带有明显的备战性或准战时性特点"。

西方学者在分析这一原因时也指出了苏联经济的特点，著名经济学家萨缪尔森在解释"为什么要学习苏联经济"时指出："同它的早期批评家所相信的东西相反，苏联经济迅速地增长，扩大了它的影响并且赢得了许多盟友。它成功地把自己从一个军事上的弱国，弱到1918年向德国乞求休战，变成了一个令整个世界感到害怕的超级大国。从经济学的观点来看，也许最有意义的教训是，命令经济是可以发挥机能的。命令是这样组织经济的，即国家拥有生产手段，利润不是主要的动力，而且主要决策是由行政上做出的——这种命令经济可以在很长的时期内运行良好。"[①]

中国主流思想界对社会主义国家经济绩效在20世纪50年代到60

---

① [美]保罗·安东尼·萨缪尔森：《经济学》，高鸿业译，中国发展出版社1999年版，第356页。

年代的逆转原因作了较为详细的分析,"随着时代主题的转换,与战备相适应的发展战略和体制的积极作用开始弱化;粗放发展以及与此相对应的体制的潜力也逐步耗尽;新技术革命把苏联模式的企业缺乏活力、科技转变为生产力缓慢的缺陷更加明显地暴露出来;新技术革命使世界各国的经济联系更加紧密,从而进一步暴露了这个模式封闭半封闭的弊端"[①]。中国和西方学者在分析苏联模式的经济绩效时,都看到了计划经济体制是影响苏联模式的主要弊端。西方的一些经济学家直接用"计划经济"代替"苏联模式"进行分析就反映了这一趋势。影响利益结构模式的因子很多,除了政治制度,经济体制也是影响利益结构的主要因素。计划经济体制和利益结构呈现相互作用的功能,计划经济体制决定了利益结构的模式,利益结构模式又进一步强化了计划经济体制的功能。

除了经济绩效的下降,利益结构的缺陷对社会结构及其发展也造成了诸多负面影响,这些负面影响直接导致社会公平公正程度下降。主要表现在城乡二元社会结构和"身份制"为特征的社会等级结构的出现。

这种城乡二元利益结构主要是以"户籍制度"为核心,包括社会保障、声望和职业为内容的城乡二元分层。城乡二元分层的代表符号是工人和农民,从世界范围上讲,工人和农民是以职业为划分标准的社会阶层,除了表示在现代社会分工不同,没有更多的意义。中国的工人和农民在中华人民共和国成立后也是职业上的划分,随后形成以不同户籍制度的利益分配机制的差别。这种以户籍制度为身份特征等级制带来的是社会的不平等。身份制是传统社会中等级制度的延续,户籍身份却使农民阶层不能享受同等的公民待遇,使他们处于仅次于边缘化的最低社会地位。

在政治层面,农民没有自由迁徙的权利,升学、参军、提干的权利被部分地剥夺;在经济层面,农民不能选择到城镇就业,只能在农

---

① 钱淦荣:《邓小平理论概论》,中国财政经济出版社1999年版,第6页。

村务农，即使在务农上也没有生产经营自主支配权和分配权，更没有自主出售粮食的权利，只能通过国家渠道销售，因此被无偿地占有了大量收入（通过工农业产品价格剪刀差）；在社会层面，城市居民、干部和职工都有较好的社会保障，包括退休金、公费医疗、免费住房和各种福利补贴，农民除了低水平的农村合作医疗，没有任何社会保障。

在公共产品和公共设施方面，城市居民子女在公办学校就业，只缴少量学杂费，农民子女在农村上学，校舍设施要集体集资建设、购置，教员多数是民办教师（也是农民），他们的工资基本上由农民负担；城市的道路、电力设施、自来水都由政府出资建设，供居民共享，农村的道路要本村本队修建，电力和自来水等公用设施都由集体向农民集资建设，等等。这是一种通过身份等级形成的"城乡分治、一国两策"现象，长期实行"城乡二元化"的结果便是形成城镇居民的孩子永远是城镇居民，农民的子女永远是农民的世袭阶层体系。

利益结构逐渐形成的另一种不公平是导致以"身份制"为特征的社会等级制度的出现。改革开放前，中国的社会分层出现了以两个维度为特征的社会等级制。主要是在全国范围内以政治身份分层的社会等级制。从土地改革年代开始，国家在农村开始划分阶级，主要包括地主、富农、中农和贫农等阶层。后来，这种划分身份的方法延伸到城市和知识分子阶层，形成了工人、农民和地、富、反、坏、右等更为广泛的阶级和阶层划分。

不同阶级在政治上有着明确的区别，每个人的家庭都有阶级成分，无论升学、参军、参加工作、招工、出任干部以及各种原因登记履历表时，都要填写一栏，叫作家庭出身。这个家庭出身，就是每个人的家庭在土地改革时被划定的成分。以此为依据，不同阶层在社会中获得资源的权利和多少不同。不同阶级身份的人会受到不同的社会、政治和经济待遇。以政治身份分层的社会等级制首先体现在政治资源的获得权，在参军、招工、升学、提干和选举方面，都有很大的区别。伴随着政治资源不同，经济资源获得的权利也不同，文化上的话语权更是有明显区分。这种政治身份制还被先天固定化，以血缘关系继承下来。

从身份到契约的转变是人类社会文明史上的巨大进步和发展，它可以看作由传统社会向现代社会转变的重要标志，表明中国在通向现代化的道路上仍是举步维艰。英国历史法学的集大成者梅因在《古代法》中描述道，"一切形式的身份都起源于古代属于'家族'所有的权力和特权……所有进步运动，到此处为止，是一个从身份到契约的运动"①。中华人民共和国成立后，中国实行的城乡二元结构的身份社会和梅因所阐述的身份社会是有所区别的，梅因所论述的身份社会是指古代社会血缘关系依附下的身份制，到了20世纪中叶，这种"伦理身份"被击溃，取而代之的却是另一种组织更严密，覆盖面更广泛的"身份社会"——计划体制。但中国城乡二元结构身份制和梅因论述的古代社会的身份制有相同之处，他们都表示一种依附和权利、义务的不平等关系。

通过对中华人民共和国成立初期利益结构特征的绩效分析，我们可以得出以下判断：（1）改革开放以前，中国利益结构的绩效呈现出两个明显的阶段性特征，这两个阶段的绩效呈现出较大的差别。（2）整个时期经济效率和增长无论是纵向还是横向比较均呈现出递减的趋势，与此同时，由于城乡二元结构和"身份制"的出现，在公平公正度方面也呈现出下降趋势。（3）即使在第二个阶段，经济绩效虽然呈现出下降趋势，但也不是完全停止，还取得了一定的经济绩效。（4）利益结构的绩效趋势表明，它由20世纪50年代的合理性逐步变为相对不合理，从而使70年代末期的改革开放成为必然。

---

① ［英］亨利·萨姆奈·梅因：《古代法》，沈景一译，商务印书馆1996年版，第78页。

改革开放以来中国利益结构变迁的轨迹和模式[*]

1978年的改革开放使中国中断的现代化进程重新启动,它引起了中国经济社会发展模式的变迁,我们一方面关注改革引起的社会全方位、纷繁复杂的变迁内容;另一方面探讨社会变迁的动力、模式和深层次原因。在总结30年来中国经济社会变迁的内容和特点,分析其深层次的原因时,均可以找到社会变迁背后的利益关系和利益结构的变化。因此,对改革开放以来利益结构变迁轨迹的梳理,对利益结构变迁模式和特征的分析,可以在更深层次上探索中国经济社会变迁的原因之所在。

一 利益结构范畴及其调控机制

利益理论是马克思主义唯物史观中的重要内容,是理解历史唯物主义的一把钥匙。利益结构是利益理论中最重要的范畴之一,也是深入分析社会变迁的重要工具。利益结构主要包括四个要素:一是利益结构是建立在不同社会生产关系基础之上;二是利益结构是不同利益主体特别是利益群体间相互作用和博弈的结果;三是国家政治权力在确立利益结构中占有重要的地位;四是利益结构都有相对稳定的模式和维持其运行的机制。以此为依据,利益结构是指:在占统治地位的

---

[*] 原载《云南社会科学》2009年第2期。

社会生产关系的基础之上,不同利益主体在追求利益过程中的相互博弈以及国家政治权力对其调控的模式和机制。

决定一个社会利益结构模式的最主要因素有两个方面:一个是国家政治权力对利益群体博弈过程的调控;另一个是不同社会群体之间的利益博弈及其结果。这两个主要因素影响社会利益结构模式的方式和内涵并不一样,国家政治权力对利益结构的安排显示出强制、迅速和非有序性的特点;不同社会群体之间的利益博弈显示出缓慢、有序的利益结构变革过程。

纵观中国改革开放的进程,从政府和社会之间关系变迁的视角出发,根据利益结构变迁模式的不同,可以划分为两个阶段:从1978—2002年,中国侧重于运用利益分化的手段来调整利益关系和利益结构;另一阶段是从2002年至今,利益关注的焦点和国家的政策趋向于利益整合。根据不同群体在改革开放过程中利益分化的力度和不同群体获得利益的差异,又可以把1978—2002年利益结构分化再划分为两个阶段。

根据改革开放后中国利益关系变革的方式、速度和对社会群体分化的差异,把中国利益结构变迁进程划分为三个阶段。

二 1978—1992年中国利益结构变迁的模式

(一) 利益分化成为利益结构变迁的主要方式

利益分化和整合是人类调整利益关系的两种基本手段,贯穿于中国整个改革开放的进程中。由于他们在调控利益关系时所扮演的角色和功能不同,从宏观上讲,改革开放以来,中国共产党及其政府在运用两种调控手段时,在不同的阶段有不同的侧重点。

利益分化的积极功能主要包括:(1)不同利益主体扩大利益主体收入的差别,增强主体利益意识,从而提高人们的竞争意识;(2)利益分化导致不同主体在追求利益最大化的基础上产生竞争,促进生产效率的提高,解决社会发展动力不足的问题;(3)利益分化导致利益主体平等意识增强，推动不同利益群体的利益表达、诉求和协商，推进社会的民主政治发展。

利益分化在促进经济社会发展的同时，也会带来一些负面影响。在自由放任的条件下，利益主体会在追求自身利益最大化的过程中置他人和整体利益于不顾，因而利益主体有一种天然无限的分化趋势，容易导致贫富两极分化的现象。分化的自发发展往往伴随着纵向和横向利益关系的矛盾和冲突。

以上是从宏观意义上分析利益分化的属性，结合中国改革开放的进程，中国利益分化有两种具体形式。第一种是政府主导型的利益分化方式。由于改革开放前政府对资源的垄断和分配在现有的范围内达到了极限，利益结构过于刚性化而缺乏弹性，导致社会动力不足，为了获得更多的资源，就必须由扩大资源的分配转入扩大对资源的再生产，以增加资源的总量。第二种是非政府主导型的自下而上的利益分化。由于政府对资源的过度垄断，以及社会资源的分配严重不平衡，激起了弱势利益主体的强烈不满，使得弱势群体联合起来与政府抗衡，就会迫使政府放宽对资源的垄断和利益资源的分配体制，允许一定程度的利益分化。

中国的利益分化无疑属于政府主导型的分化方式。做出这种判断的依据是无论从农村实行的"家庭联产承包责任制"还是城市的"放权让利"的改革，政府是推动改革开放的起点和初级动力。作为中国共产党第二代领导集体核心的邓小平，在20世纪70年代末，深刻地认识到利益结构过度整合带来的弊端，多次说"现在我国的经济管理体制权力过于集中，应该有计划地大胆下放，否则不利于充分发挥国家、地方、企业和劳动者个人四个方面的积极性，也不利于实行现代化的经济管理和提高劳动生产率"[①]。中国的利益分化是典型的政府主导型的利益分化案例，政府是利益分化的启动者，是利益分化的推动者，"社会的一切重大变

---

① 《邓小平文选》第2卷，人民出版社1994年版，第145页。

化都是以党的政策变化为开端的"①。

这一阶段利益结构变迁的主要内容和特征表现为：中国从利益结构的整合阶段转向利益分化阶段，确立了我国利益结构变迁方式的重大变革。由于利益整合的过渡性，利益分化的力度以前所未有的速度爆发出来，收入差距扩大导致利益主体分化，收入差距扩大处在合理的范围之内。利益分化从政治层面转向经济层面，从而奠定了我国利益分化以经济为中心的基本走向。中国利益分化以国家的政策变革为先导和动力。随着利益分化的演进，制度性缺陷特别是双轨制造成的利益分配不公的问题日益突出。

（二）不同利益群体从改革初期共享成果到利益结构的合理分化

以上是从政府与社会之间关系的视角总结出利益结构变迁的特点，如果我们要深化对利益结构变迁的研究，就必须通过不同社会阶层或群体获取利益多少的变革，来总结利益结构变迁的轨迹。

任何改革要获得民众的支持，是有其前提条件的。新制度经济学派代表人物道格拉斯·诺斯提出著名的"诺斯标准"，用以衡量社会中每个人对于改革的态度。格拉斯·诺斯说，社会中的个体，作为理性的"经济人"，如果觉得改革给他的预期收益超过预期成本，那么它就会支持改革，反之则抵制改革。

在此基础上，著名的福利经济学家卡尔多进一步提出来的"卡尔多标准"。按"卡尔多标准"，每个人是否支持改革取决于改革是否能给其带来预期净收益，而真正现实中的改革对于社会有以下可能性：第一种可能性，改革使得社会中每个阶层成员的福利都得到增进；第二种可能性，改革使得社会中某些阶层成员的福利得到增进，而不损害其他社会阶层成员的福利；第三种可能性，改革使得社会中某些阶层成员的利益得到增进，而损害了其他阶层成员的福

---

① 李景鹏：《中国政治发展的理论研究纲要》，黑龙江人民出版社2000年版，第57页。

利;最后一种可能性,则是改革使得社会所有阶层的利益都受到损害。

在改革的现实当中,第一种可能性和最后一种可能性很难出现。第一种可能性,即社会上每个成员的福利都得到增进,这是每一个改革的倡导者和每个社会成员都希望得到的结果。最后一种可能性,即改革使得社会所有阶层的利益都受到损害,这种情况很难出现,这样的改革只能胎死腹中。最复杂的就是第三种可能性的改革。即改革使得一部分人福利得到增进;另一部分人福利受到相对损失。福利得到增进的社会阶层成员显然是支持改革的,而福利受到损失的社会成员显然是反对改革的。

如果上述对中国利益结构改革的阶段及其不同结果的分析略显复杂的话,社会学家李强则从另一个视角提出了新的、相似的概念来剖析同样的现象。李强根据中国改革开放以来人们利益获得或受损的状况,"将中国公民分为四个利益群体或利益集团,即特殊获益者群体、普通获益者群体、利益相对受损者群体和利益绝对受损者群体(社会底层群体)"①。本文主要运用4个利益群体的变迁情况和"卡尔多标准"相结合的模式来分析中国利益结构变动的新趋势。

改革开放初期的1978年到20世纪80年代中期,中国改革倡导者以改革的方式打破过去僵化的利益结构,实现新的利益结构的变革,蕴含在人民群众中的追求利益的动力立刻爆发出来,绝大多数社会成员都得到了实惠。在家庭联产承包责任制下,农民是最先也是改革开放初期获得利益最多的群体之一。"地、富、反、坏、右"等政治边缘化群体被摘掉了政治帽子,在政治上享有和其他阶级一样的权利,在致富的道路上也获得了同样的权利。在"放权让利"的改革中,工人阶级也得到了同样的经济实惠。处于失业、半失业状态的人群,如回城知识青年、待业青年和刑满释放人员,在政策鼓励下开展个体经营,从而使得部分本来处于社会底层的人们成为最早的致富

---

① 李培林等:《中国社会分层》,社会科学文献出版社2004年版,第30页。

者，改革使整个社会出现了兴旺和发展的迹象。这个阶段是中国社会各阶层共享改革和发展成果的最好时期，出现了改革的倡导者和社会成员最希望得到的局面。

20世纪80年代中期以后，中国开始由计划经济向市场经济过渡，改革使中国绝大多数社会成员获利的情况很快结束了，中国由共享改革成果进入利益群体获利和受损并存的复杂化局面。这种利益群体复杂化的局面与制度变迁特别是经济体制的改革密不可分。

改革开放初期过后，政策带来的动力和张力几乎消失殆尽，改革进入制度变迁的深层次内容，计划经济和市场经济博弈带来的双轨制使体制内的社会群体更多地受到计划经济体制的束缚，无缘融入市场经济带来的变化，体制外的社会群体虽然享受到市场经济大潮带来的经济利益，却无缘享受体制内的福利和社会保障，经济转轨中的"双轨制"使权力更容易介入经济领域，形成一批暴富阶层。

所以，体制内和体制外的社会群体在分享改革带来的利益成果时产生了矛盾，有"不三不四赚大钱"的说法，最突出的是知识分子群体在20世纪80年代后期分享利益成果的失落，这才有了"搞导弹的不如卖茶叶蛋的，拿手术刀的不如拿剃头刀的"的说法。最严重的是双轨制带来暴富阶层的出现，一些人利用权力和体制转轨带来的缺陷，通过"合法"的手段获得了超额利益，改革开放后特殊获益者群体出现。

三 1992年市场经济后利益群体和利益结构进入快速分化阶段

随着社会主义市场经济体制改革方向的确立，政策带来的利益变革动力让位于市场经济的作用，市场经济成为利益结构变革的主导力量。由于市场经济自身的属性，中国利益结构的分化急剧加快，呈现出加速度的趋势。市场经济一方面促进了利益竞争的公平取向；另一方面又不可避免地导致利益分化的加剧。

1992年邓小平南方谈话和社会主义市场经济体制改革方向确立之后,中国利益分化呈现加速度的趋势,这和1978年改革开放之后利益分化的速度有相似的一面。1978年和1992年成为中国利益结构分化的转折点和加速点,但这两次利益结构分化的动力机制并不一样。1978年推动中国社会利益分化的初始动力都是政府,但是,1992年之后,中国社会利益分化的主导力量是市场经济,政府的角色和作用不可或缺,但毕竟退到次要地位。

从1992年之后,中国经历着社会中某些阶层成员的利益得到增进而又损害了其他阶层成员福利的阶段。这个阶段,中国出现利益获益者群体、利益相对受损群体、利益绝对受损群体和特殊获益者群体并存的局面。

1978年到20世纪80年代中期是社会成员成为普遍获利者群体的阶段,20世纪80年代中期到1992年普遍获利者群体变为了部分获利者群体,而利益相对受损者群体开始出现,同时,因"双轨制"导致特殊获益者群体出现。不过,利益相对受损者群体并不固定,这个群体随着改革的进程发生着分化和重组。例如,20世纪80年代后期,知识分子阶层曾经是利益相对受损者阶层,进入90年代后,随着知识经济的崛起,知识分子阶层由利益相对受损者阶层变为部分获利者阶层;而国有企业职工在90年代初,总体上还属于部分获利阶层,到90年代中期之后,随着国有企业的发展遇到困难,部分国有企业的下岗职工迅速成为利益相对受损者群体。

一个国家的绝大部分社会成员成为改革中普遍获利者群体的情况是暂时的,是特定社会历史条件下的产物。随着改革的推进,出现利益相对受损者群体是正常的现象。尽管在共享改革的成果时出现不均,甚至不公平的现象,这是改革中利益分化的必然现象,总体上讲,属于改革的正常产物。社会学家李培林坦言:"我在1996年以前,一直认为中国改革以后收入差距的扩大是引入市场经济激励机制的正常现象,尽管分配秩序存在着种种不合理的方面,但仍属于渐进式改革的过渡性问题。"①

1992年以后,中国利益结构分化进入一个新的阶段,此阶段在利益分配方面出现了绝对收益下降和利益绝对受损者群体。这既是中国改革开放中利益结构分化的新现象,也是值得引起我们重视的警示器。中国从此进入部分获利者群体、利益相对受损者群体和利益绝对受损者群体、特殊获益者群体四者并存的复杂局面。李培林指出:"而这种情况在最近几年又有发生,即在总体的和平均的收入水平提高的同时,最低收入层的实际收入出现下降,这是一个比较危险的信号,是改革以来所罕见的。"② 以利益绝对受损者群体出现为标志,中国进入了利益结构分化新的时期,利益矛盾、利益冲突日趋激烈,分配不公和收入差距日趋拉大,贫富两极分化现象开始出现。这些事件对公平、合理的中国利益结构的重构带来了严峻挑战。

四 改革开放的阶段性特征与利益结构调节方式的调整

(一) 从侧重利益分化到侧重利益整合的主要方式调整

利益整合就是"通过多种方式,在保证各个利益群体利益的基础上,使各个部分整合起来,构成一个利益共同体"③。利益整合的主要功能有三个:(1) 在经济领域建立公平、合理的分配制度,避免收入差距过大,贫富两极分化的出现;(2) 在政治领域建立与经济领域相适应的利益表达、诉求和协商机制,化解不同利益群体的利益矛盾和冲突;(3) 在道德范围建立不同利益群体的社会心理认同机制,包括宽容、协商和相互认同的心理,使不同利益群体形成和谐共处的局面,最终形成一个利益共同体。

利益分化是在促进不同利益主体的异质性发展,而利益整合则是

---

① 李培林等:《中国社会分层》,社会科学文献出版社2004年版,第93页。
② 李培林等:《中国社会分层》,社会科学文献出版社2004年版,第30页。
③ 王长江:《现代政党执政规律研究》,上海人民出版社2002年版,第178—179页。

调整利益主体的同质性，利益分化和整合的最佳状态是保持不同利益群体在合理分化的基础上，形成一个利益共同体，实现利益效率和利益整体的最大化。

改革开放后，中国利益结构分化的速度、力度和广度在当今世界利益结构变迁的历史上都是引人注目的。"在短短的 20 年时间里，中国已经从一个平均主义盛行的国家，转变为超过了国际上中等不平等程度的国家，贫富差距在这样短的时期内迅速拉开，这样巨大的变化在全世界也是不多见的。"[1] 欧美国家用几百年走完利益分化过程，在中国用二十几年时间就走完了，中国已经从改革开放初期的过度平均的社会，迅速转化为收入差距过大、贫富分化的社会。

客观分析中国特色社会主义和现代化建设所处的历史方位，是邓小平理论的基石，也是中国共产党制定路线、方针和政策的基础。党的十三大科学地判断中国现代化建设长期处于社会主义初级阶段。但是，社会主义初级阶段是一个动态的发展过程，会经历若干个具体发展阶段，呈现阶段性特征。党的十七大从 8 个方面科学总结我国现代化建设新的阶段性特征，其中之一是"社会活力显著增强，同时社会结构、社会组织形式、社会利益格局发生深刻变化，社会建设和管理面临诸多新课题"[2]。科学发展观和构建社会主义和谐社会的提出，表明中国由侧重利益分化为主的时代，进入侧重利益整合为主的利益结构调整时代。

2002 年后进入利益整合的阶段，政府的主要目的是消除绝对利益受损群体，减少利益相对受损群体，增加利益获益群体，遏制特殊获益群体。与此相对应，提出了制度和政策安排。通过建立社会福利保障体系为主的民生安排，消除绝对利益受损群体。通过分配制度完善，增加中低收入的群体，减少利益相对受损群体，增加利益获益群体，达到大多数群体"共享改革成果"。

---

[1] 李培林等：《中国社会分层》，社会科学文献出版社 2004 年版，第 22 页。
[2] 胡锦涛：《高举中国特色社会主义伟大旗帜　为夺取全面建设小康社会新胜利而奋斗》，人民出版社 2007 年版，第 13 页。

（二）分配制度的完善成为调整利益结构的主线

利益结构的核心问题是分配制度。分配制度是社会经济制度的重要组成部分，也是处理社会成员之间利益分配的基本机制。当前我国不同群体收入差距过大，出现了贫富分化现象的原因是综合性的，收入分配制度无疑是其中的核心要素。

在中国改革开放初期，邓小平以敏锐的战略眼光，在分配制度方面打开了一个突破口，从而掀起中国改革开放的大潮。另一次对中国社会分配制度变革产生深远影响的就是1992年社会主义市场经济体制改革目标的确立。1993年党的十四届三中全会对分配制度作了新的概括，第一次明确了社会主义市场经济分配制度的指导思想和分配模式。党的十五大进一步发展了中国的分配制度，提出"把按劳分配和按生产要素分配结合起来，坚持效率优先，兼顾公平"[1]。中国社会主义初级阶段新的分配制度已经初步确立。

面对收入分配差距过大的新形势，党的十七大在指导思想和基本框架方面进一步完善市场经济的分配制度。在指导思想上，完善效率和公平的关系，在注重效率的同时，更加注重公平，寻求效率和公平的结合点，提出"初次分配和再分配都要处理好效率和公平的关系，再分配更加注重公平"[2]。在完善分配制度框架的路径选择上：（1）逐步提高居民在国民收入分配中的比重，提高劳动报酬在初次分配中的比重；（2）建立职工工资正常增长机制和支付保障机制；（3）消除腐败收入、权力部门收入和垄断行业收入，扭转收入秩序混乱现象。

（三）构建公平、合理的利益结构统领利益关系失衡问题的解决

利益分化与整合都是围绕利益结构而展开的，其目的都是促进利

---

[1] 《十五大以来重要文献选编》（上），人民出版社2000年版，第24页。

[2] 胡锦涛：《高举中国特色社会主义伟大旗帜　为夺取全面建设小康社会新胜利而奋斗》，人民出版社2007年版，第37页。

益结构由失衡状态到平衡状态。党的十一届三中全会后，中国进入以利益分化为主要方式的利益结构变迁进程中，在这个过程中，利益结构由稳定状态向相对不平衡状态发展，这是利益结构分化和重构过程中的必然现象，问题在于中国的利益结构由稳定状态迅速越过相对不平衡状态，并走向比较严重失衡状态。

收入差距拉大，贫富两极分化现象的出现，利益绝对剥夺群体的出现，弱势群体的边缘化，利益矛盾和高风险社会的运行，改革的社会基础削弱及动力不足等，都是利益结构严重失衡的外在表现，深层次的原因在于当前利益结构的严重失衡。建立科学、合理的利益结构是我们化解当前利益矛盾、冲突等种种现象的根本目标和核心路径。

中国正在建立的社会利益结构具有两个特定的规定性，一个是它将体现社会主义的本质内涵；另一个是体现市场经济的规定性。未来的社会利益结构将是社会主义本质和市场经济规定性的有机结合体。未来社会利益结构的重构和改革开放前利益结构的基础最大不同是市场经济将取代计划经济。在决定中国未来利益结构内涵、特点走向的因素中，国家政治权力对未来利益结构的政策、安排和市场经济体制框架的构建居于核心的因素。

中国中长期构建的社会利益结构应完成以下几个任务：一是遏制当前收入差距和贫富分化过大的现象，理顺收入分配领域的秩序，然后建立公平、合理的收入分配制度；二是进一步扩大社会主义民主政治，改变当前利益表达不畅、各阶层利益博弈失衡、利益整合机制滞后的现状，化解当前利益矛盾日趋加剧和冲突的趋势，建立符合社会主义初级阶段的利益表达、协商、整合的民主政治；三是最终建立与社会主义市场经济相适应的公平、合理的利益结构。

中国利益结构的特征和模式探析*

中华民族从 1840 年开始步入从农业社会向工业社会的转型期，伴随着政治上的动荡和战争的冲突，中国社会利益结构的转型一直未能建立。直到 1949 年中华人民共和国成立后，一种全新的利益结构才呈现在我们面前。这种新型的利益结构模式既和传统社会的利益结构模式完全相异，也和西方资本主义国家的利益结构模式截然不同，这种利益结构模式在推动中国社会的发展中起到了双重作用。至今，它对迈向现代化征程中的中国仍然有直接的影响。

一 中华人民共和国成立后中国利益结构重建的前提条件

（一）现代民族国家的重建

近代中国所要解决的两大历史主题，其中之一就是民族独立。这里所说的民族独立，从学术意义上讲就是指现代民族国家的重建。安东尼·吉登斯对现代民族国家的定义是："民族国家存在于由民族—国家所组成的联合体之中，它是统治的一系列制度模式，它对业已划定边界（国界）的领土实施行政垄断，它的统治靠法律以及对内外暴力工具的直接控制而得以维护。"[1] 如果说，吉登斯对现代民族国家的定义文字上略显苦涩，那么部分学者对现代民族国家有更为直白

---

* 原载《四川行政学院学报》2009 年第 3 期。

[1] ［英］安东尼·吉登斯：《民族—国家与暴力》，胡宗泽、赵力涛、王铭铭译，生活·读书·新知三联书店 1998 年版，第 123 页。

的定义:"要求在固定的疆域内享有至高无上的主权,建立一个可以把政令有效地贯彻至国境内各个角落和社会各个阶层的行政体系……还要求国民对国家整体必须有忠贞不渝的认同感。"[1] 他们对现代民族国家的表述方法不一样,我们可以从中抽出共同的内容,即现代民族国家建立的条件和内涵。一是领土和主权的完整;二是执政党政治权威和政府整合能力的重建;三是现代民族认同感的形成。

近代中国所要解决的两大历史主题中,民族独立是国家富强的前提条件。自晚清政府解体之后,中国一直在进行着现代民族国家的重建,但是由于登上近代中国政治舞台政党自身的衰败和它们所建立政府的局限性,也由于国际环境特别是列强的侵略,中国现代民族国家的重建任务一直没有完成。抗日战争结束时,中国的政治舞台上形成了中国国民党、中国共产党和中间势力三支举足轻重的政治力量,其中,中国共产党和中国国民党是决定20世纪中叶中国社会根本走向的决定性力量。在随后的三年较量中,中国共产党以绝对优势取得胜利,并第一次建立真正意义上的现代民族国家——中华人民共和国。这个现代民族国家建立和中国以前所有政党及其政府建立的近代民族国家有根本的不同。首先,它解决了近代中国所面临的根本问题——民族危机,实现了国家领土和主权的完整。其次,它建立了全国统一的中央政府,构建强有力的中国共产党的政治权威,形成了前所未有的资源整合、社会动员能力。此外,在旧的民族认同感破裂的同时,经过历次战争,特别是抗日战争的洗礼,构建了现代民族认同感。所有这些,都是以前所有政党及其政府都没有做到的。

(二)中国共产党政治权威的建立和资源整合、社会动员能力的空前提高

"政治权威是一种公共权威,是以国家政权为核心的政治体系的

---

[1] 李杨:《"救亡压倒启蒙"?——对八十年代一种历史"元叙事"的结构分析》,《书屋》2002年第5期。

政治管理主体地位得到社会力量的认可和支持，从而表现出的对政治管理客体的制约能力。"① 这种权威除了具有一般性权威的认同性、合法性、自愿顺从性等特征，还具有公共性和合法的强制性的特征。其中，合法性指各种社会力量确认某一政治权威是建立在正当性和正义性基础之上的，是政治权威赖以存在的根本基础。任何社会的政治权威都来源于社会力量对该权威的信任和服从。

中国共产党的政治权威的建立是通过以下几个途径获得的。首先，革命带来了其政治权威。中国共产党通过摧枯拉朽的暴力革命，彻底打碎了旧中国长期存在的阻碍现代化的制度结构，消灭了妨碍社会进步的反动政治势力，挽救了中华民族的危亡，并为新制度的建立扫清了障碍，实现了中华民族伟大复兴的第一步。其次，土地改革的绩效。中国共产党政治权威的获得又来自对社会和经济变革的承诺，特别是对于土地改革的许诺，是中国共产党历史上各个时期获得大众支持和吸引人们加入革命的根源。土地改革不仅是一场解放生产力的革命，也是一场前所未有的生产关系的变革，它是经济变革和社会变革的混合体。此外，从抗日战争开始的根据地人民民主政权建设使人民群众在经济翻身的基础上实现了政治上的解放。人民当家作主成为千百年来中国政治上的最伟大变革。这些都成为中国共产党在1949年获得政治权威的现实基础，也是其执政以后可以用来巩固执政地位的历史合法性资源。

政治权威的建立是中国共产党整合利益结构的前提条件，政治权威要转化为现实能力需要通过政府体制来整合社会资源，并最终通过社会动员来实现其执政目标。社会动员能力指执政党进入社会，整合社会资源，调动社会积极因素，促进社会进步的能力。其目的是使中国共产党及其政府的指导思想和执政目标得以顺利实现。其方法是进行社会整合，使不同的社会成员在统一的政治体系中沿着合法、有序的轨道发挥各自的功能。其关键是建立政治平衡和凝聚机制，化解社

---

① 龙山：《论政治权威的社会基础》，《甘肃社会科学》1999年第5期。

会冲突，实现政治稳定。

中国是一个人口多、底子薄、历史悠久的超大规模社会，有其特殊的经济结构、社会结构、文化结构，现代化发展既不能脱离这些结构的规定，但又必须在发展中超越这些结构。因此，在中国社会进行一次根本性的利益结构重建，必须具有一个高度政治权威的执政党，必须具有超强能力的社会资源整合和社会动员能力。纵观近代中国历史，只有中国共产党在近代社会改造中具备了此种能力。以毛泽东为首的中国共产党人，怀着"改造中国，改造世界"雄伟抱负，具有人类先进的意识形态的指导，构建了一个与传统社会迥异的新型社会利益结构。

二　中华人民共和国成立后我国利益结构的特点及其模式

构建新的利益关系是执政党的基本功能之一，中国共产党在新的利益结构的重构中，充分显示了它的高度政治权威、社会动员和整合能力，以及它鲜明的意识形态色彩。

（一）不同社会阶层在利益格局中呈现全新的方位和"颠覆性"的变化

社会主义制度的建立是中国历史上最伟大的社会变革，无论社会革命还是社会改革，必将对社会的深层结构——利益结构进行变革，这是社会革命和改革步履维艰的真正原因。作为一场中国历史上最伟大的革命，必将是中国历史上最深刻的利益结构变革，它反映在三个方面：一是不同阶级和阶层获得经济利益的方式发生最深刻的变革；二是不同阶级和阶层在社会利益格局中的地位发生了最深刻的变革；三是这种利益格局的变革是全方位的，经济上包括获得利益的方式，政治上包括各阶级在国家政权中的地位和作用，文化上包括他们在意识形态中的话语权均发生了彻底变革。

中华人民共和国的成立及随后社会主义制度的建立，对近代中国社会金字塔形的利益格局进行了彻底的变革，每个社会阶级（阶层）在利益格局中的位置作了"颠覆性"的重构。过去处于利益格局顶层的地主和官僚资产阶级被彻底推翻，他们剥削人民的生产资料被彻底没收，归国家所有。政治上的特权也被彻底扫除。他们由社会利益格局的顶层跌入最底层，成为中华人民共和国成立后利益获得最少、最衰败的阶级，在新的利益格局中被彻底边缘化。这种情况一直持续到改革开放前夕。

工人阶级在利益格局变革中呈现以下特点：政治利益的获得与经济利益的获得出现对等的格局。作为社会主义制度的领导阶级，在政治地位的宣传和现实政治利益的获得中都高于农民，工人阶级在经济利益的获得方面也高于农民，他们是现代工业生产资料的所有者，他们拥有稳定的经济收入和社会保障体系，他们是政治利益和经济利益的双重获得者，在社会利益结构中相当于中间阶层。

社会主义制度建立后，封建土地所有制的废除使农民成为土地的所有者，在政治上作为工人阶级的同盟者，他们的政治地位日趋提高。通过纵向对比，农民的经济收入和政治地位都比中华人民共和国成立前空前提高。但在横向对比中，农民阶级在中华人民共和国成立后的利益格局中有以下特点：农民的政治利益和经济利益获得的不对称性，作为社会主义的主要建设者和工人阶级的同盟者，他们的经济利益的获得一直处于低水平。农民的社会身份一直处于社会的底层，包括户籍制度、社会保障和社会声望在内的社会身份使农民在社会利益格局中仍旧处于底层，仅高于社会最底层的被专政的阶层和边缘化的阶层。

知识分子在中华人民共和国成立后中国社会利益结构中的位置更为复杂，这是因为中华人民共和国成立后知识分子地位的确定几经周折，总的来说，中国共产党对知识分子的判断更多倾向于资产阶级的附属品，因而，知识分子更多的是在被批判、被改造中度过的。由于对知识分子性质判断的错误，一方面，知识分子是被批判、改造的对象，政治利益被边缘化；另一方面，社会主义建设时期离不开知识分子，知识分子又是被利用的对象。知识分子作为被批判和改造的对象，因而他们的政治利益获得处于边缘化的阶层。作为被利用的对象，知识分子的经济利益远远高于农民，和工人阶级大致相当。知识分子的利益获得方式在政治和经济领域呈现相悖论的现象。

  上述是以中华人民共和国成立前社会各阶级在社会利益格局中的位置作为参照系，从而分析中华人民共和国成立后各阶级和阶层在社会利益结构中的变迁。这种新的利益结构具有以下特点：社会各阶级获得利益方式发生最深刻变革，通过剥削获得利益方式被铲除，"按劳分配"成为获得利益的主要方式。社会各阶级和阶层在新的利益格局中的位置发生了"颠覆性"的变化。劳动阶级在政治利益的获得方面空前提高；经济利益的获得还不能和政治利益相平衡。劳动阶级内部在经济利益的获得上还出现较大的差异，主要表现为工人阶级和农民阶级之间的区别。曾经在经济利益和政治利益获得上占据社会金字塔顶层的阶级被社会边缘化。

（二）阶级或阶层利益关系的同质化和关联性较高的"总体性社会"

  利益关系同质化的前提条件是利益源泉的国家化和单一化。主要表现就是不同利益主体获得利益的主渠道被国家对社会资源的分配和控制，取消了市场和社会的作用。所谓利益主体就是在一定社会关系下从事生产活动或其他社会活动，以便直接或间接地追求自身社会需要满足的人（个体或群体），即利益的追求者、承担者、生产者、实现者、消费者和归属者[①]。

  中华人民共和国成立前，中国的利益主体复杂，不同的利益主体获得利益的渠道是多方面的。经过社会主义改造之后，国家通过计划经济体制将社会资源完全地控制在自己的手里，并通过政治权威对社会组织

[①] 王伟光：《利益论》，人民出版社2001年版，第129页。

进行改造,通过"单位制"这种社会组织将城镇不同群体分别组织起来,将农民通过"人民公社—生产大队—生产小队"组织起来,将工人通过工厂和居委会组织起来,将手工业者通过合作社组织起来。

在此情况下,国家即可通过掌握的社会资源,按照自己的意愿对社会的不同群体进行利益的分配。由于中国社会主义建设需要高积累,国家对社会资源的分配原则是个人服从集体,集体服从国家,这样个人的利益意识和差别逐渐被抹杀,个人的利益主体只有通过集体表现出来,而集体的利益只有按照国家的分配获得。到改革开放前,国家通过行政手段认为把利益主体简单化,形成工人、农民和知识分子三大利益主体,国家成为利益的唯一源泉,对利益主体的利益分配拥有绝对的控制权,因此,社会分配资源的机制和模式更多体现出政治分层而非经济分层。

利益主体之间同质化,主要表现在同一利益主体收入的平均化,主要通过社会主义分配制度来实现。这是中国阶级或阶层利益关系高度整体性和关联性的主要内容,高度整体性就是同一阶级或阶层分配收入的同质性。决定不同利益主体之间的关系是依据他们经济收入之间的差异程度,这种收入之间的差异主要通过收入分配制度来完成。中华人民共和国成立后确立的"分配制度"使中国历史上获得经济利益的方式发生了划时代的变革。

这种按劳分配制度主要表现为:同一利益主体内部的分配收入绝对平均化。国家通过人民公社将农民的生产组织起来,并在人民公社的范围内追求利益的绝对平均化,由于这一分配形式超越当时的生产力和思想意识水平,只好退而求其次实行"三级所有,队为基础",由于这一方式只是作为过渡的方法不得已而为之,但在党和国家追求绝对平均主义的指导思想没有改变的情况下,农民出现集体贫穷的现象。

同样,在工人内部也出现了利益的平均化。在工资制度方面,到1956年年底,我国所有制结构已从过渡时期的多种经济成分并存转变为几乎单一的公有制经济,按劳分配也成为我国收入分配的主要甚至唯一的方式。1956年首次对企业、事业和国家机关的工资制度进行了统一改革，直接以货币规定工资标准，取消了以前的工资制度和物价津贴制度，实现了多种工资形式向单一工资制度的转变，使全国工作人员的工资形式趋向统一。这一次工资制度改革，最终确立了以技术、职务、行业、地区四个基本因素为参照标准的按劳分配制度，整个工人内部收入的差别被人为地固定下来。从国家的整体来看，直到改革开放前的1978年，我国的基尼系数为0.16，被公认为当时世界上收入最为平均的国家之一。20世纪50年代确立的分配方式被制度化，一直保持到70年代末期，不同阶层收入格局已经通过制度被固定下来。

（三）社会结构简单化、封闭化和"身份"特征的凸显化

1. 利益源泉单一化和利益水平的平均化导致社会结构的简单化

利益结构变动会引起社会结构的分化和重组。中华人民共和国成立前利益源泉的多样化导致社会结构的畸形化。中华人民共和国成立后，中国共产党和政府主要运用政治权威强制推行利益的再分配，先在农村剥夺地主的土地进行再分配，从而使地主阶级失去其存在的经济基础。通过对资本主义工商业的社会主义改造运动使民族资产阶级作为剥削阶级不复存在，通过"人民公社"将富农和个体经济融入集体经济之中。有的阶级，如地主阶级和官僚资产阶级是被消灭的。有的阶层，如富农和手工业者是被改造到集体经济中。

通过国家政治权威和行政手段，对不同的阶级和阶层进行强制性利益再分配，使中国的阶级和阶层结构进行了重新的消灭、融合、分化和组合。随着社会主义改造的完成，原先的剥削阶级已经失去存在的社会条件，除了少数成为长期被改造和专政的对象，大多数都成为自食其力的劳动者。这样中国社会的阶级和阶层愈来愈简单化，就是我们后来所总结的"两个阶级一个阶层"。

2. 社会结构变迁还表现为各阶级和阶层之间成封闭型状态和社会结构的刚性化

中国社会结构的分化不仅具有职业性的差异，更是国家通过行政

手段，如户籍、社会保障等措施导致的结果，这是中国与许多发展中国家不同的社会结构分化特点，主要表现为社会阶层之间的封闭和缺少流动性。无论是发达国家还是发展中国家的社会阶层的出现都是以职业为基础而形成的。中华人民共和国成立后的社会分层的雏形也是以职业分工为基础的，最初的社会分层具有相互流动性。1950—1958年，户口迁移是自由的，1954年宪法载入了迁徙自由的条文。影响中国社会结构分层的标志性政策是1958年1月，全国人大常委会通过并以国家主席令形式颁布了《中华人民共和国户口登记条例》。该条文以国家法律的形式对户籍管理的宗旨、户口登记的范围、主管户口登记的机关、户口簿的作用、户口申报与注销、户口迁移及手续、常住人口与暂住登记等方面都作了明确规定，标志着全国城乡统一户籍制度的正式形成。

工人、农民和知识分子似乎是依据社会不同分工进行的职业划分，但实际上这种划分被人为地固定下来，各阶层不具备流动性，这是职业分层和户籍分层的一个不同点。不同阶层的流动，主要是指向上的流动，只有几条被固定化的狭窄途径，包括立功、提干、升学等。1964年8月，国务院批转了《公安部关于处理户口迁移的规定（草案）》，该文件比较集中地体现了处理户口迁移的基本精神，即两个"严加限制"：对从农村迁往城市、集镇的要严加限制；对从集镇迁往城市的要严加限制。1977年，公安部在《关于认真贯彻〈国务院批转公安部关于处理户口迁移的规定的通知〉的意见》中，具体规定了"农转非"的内控制指标，即每年从农村迁入市镇的"农转非"人数不得超过现有非农业人口的1.5%。这样，我国几个基本阶层被严格固定下来，缺少社会流动，在国际城市化流行的大背景下，中国的城市化率一直处于国际的最低水平。

3. 以职业为基础的阶层差异演变为身份等级的差异

中华人民共和国成立初期在职业基础上形成的阶级和阶层差异，属于社会分工的正常现象，但在行政手段的干预下逐步演变为身份等级制。1958年户籍制度及相关政策的确立导致了以利益分化为主体，辅之以职业、声望等内容的不同阶层身份的确立。户籍制度在理论上基本职能只有两项，一是证明公民身份，以有利于公民参与各类社会活动；二是为政府制定国民经济和社会发展规划，配置劳动力资源等行政管理提供人口数据相关的基础性资料。由于我国现行的户籍制度产生于特殊历史时期，户籍制度有的功能逐步被异化，使户籍制度带有明显的等级身份印记。

首先，户籍制度使中国公民具有了高低贵贱之别。以户籍制度为中心，附着了住宅制度、粮食供给制度、副食品和燃料供给制度、生产资料供给制度、就业制度、医疗制度、养老保险制度、劳动保护制度、婚姻生育制度等十几项制度，构成了维护中国特有城乡二元结构的制度壁垒。城市居民可以享受较高的生活福利和就业机会，农民则被束缚在土地上，实际上没有得到与城市居民同等的国民待遇，从而演化为各种不同的身份制度，形成不平等的两个社会集团。

其次，户籍成了终身身份和世袭身份。中国实行的二元户籍管理使户口不仅成了一种身份，而且是一种终身和世袭的身份，农民这一本来只表示职业的全球通用的称呼，在中国却只代表了大多数国民的一种身份。而且与中国现行体制中的其他终身性身份不同，户口是一种先天的世袭身份，而干部、职工身份却是后天的终身身份。同时，决定个人户口身份性质，并不在于他的后天努力程度以及他的机遇，而是出生时他父母户口的性质，孩子户口随其父母，这成为长期以来中国户口的核心原则，从而也使中国证明公民身份的户口具有了终身制和世袭制的色彩。户籍制度的确定，既是国家为了工业化战略的实施，解决计划体制下短缺经济的产物，也是中国城乡居民利益矛盾和利益冲突的结果，是城乡利益格局固化的表现。

改革开放的阶段性特征与收入
分配制度的变革[*]

1978年启动的改革开放是中国现代化发展模式的又一次转换，它以经济增长为主线，带动社会全方位的转型。其中，收入分配制度变革及其产生的经济效率和收入差距扩大是整个社会变迁最显著的特征之一。中国收入分配制度的变革走过了三个阶段，从改革开放初期恢复按劳分配的内涵，到确立社会主义市场经济的分配制度，又到完善分配制度的体制机制。分配制度变革的内在原因在于应对中国改革开放面临的不同阶段性挑战。

一 改革开放初期恢复按劳分配内涵，为经济社会发展提供动力支持

分配制度是社会经济制度的重要组成部分，也是处理社会成员之间利益分配的基本制度安排。当前中国不同群体收入差距过大的原因是综合性的，收入分配制度变革无疑是导致改革开放前后收入差距迅速拉大的核心要素。

分配制度的实现是在一定社会经济关系中进行的，归根结底它取决于生产力的水平和生产关系的性质，"一定的分配关系只是历

---

[*] 原载《科学社会主义》2009年第5期。

史规定的生产关系的表现"①。社会主义初级阶段是对中国生产力发展水平和生产关系发展阶段全方位的科学判断。但社会主义初级阶段是一个较长过程，在这个过程中会呈现出若干发展阶段，尽管在社会主义初级阶段的整个过程中，社会主义的主要矛盾没有发生变化，但在不同的阶段会表现出不同的阶段性特征。分配制度必然随着阶段性特征而发生变革，为解决不同阶段问题提供动力支持和平衡机制。

（一）分配制度变革是改革开放启动的突破口

中华人民共和国成立后构建的社会主义分配制度为社会主义制度的确立提供了坚实的支持，同时，最大弊端就是导致平均主义大锅饭的利益分配格局，使经济效率和社会发展动力严重不足，导致社会贫困化现象严重。

在中国改革开放初期，如何提高社会主义的生产效率，重新给社会主义发展注入动力，是关系到社会主义改革的一个全局性问题。作为中国改革开放的总设计师，邓小平以敏锐的战略眼光，在分配制度方面打开了一个突破口，从而掀起中国经济体制改革大潮。作为中国共产党第一代领导集体的重要成员，邓小平经历了探索社会主义建设道路的全过程，邓小平对平均主义分配制度的弊端作了多次剖析，认为平均主义的分配体制极大地挫伤了经济主体和个人的积极性，扼杀了经济的生机和活力，结果是共同贫穷。他在评价党的十一届三中全会的政策时说："改革首先是从农村做起的，农村改革的内容总的说就是搞责任制，抛弃吃大锅饭的办法，调动农民的积极性。"②

城市的"放权让利"的改革同样是以分配制度的完善作为突破口。无论是农村的家庭联产承包责任制还是城市的"放权让利"改

---

① 《马克思恩格斯全集》第2卷，人民出版社1995年版，第585页。
② 《邓小平文选》第3卷，人民出版社1993年版，第117页。

革，邓小平都是从旧的分配制度打开突破口，从而掀起了改革开放的大潮。

（二）改革开放初期收入分配制度的变革主要是恢复按劳分配的本质和内涵

马克思主义经典作家在《哥达纲领批判》中提出了在共产主义第一阶段，人们还不能把劳动当作人生的第一需要，而只是谋生的手段。因此，必须以人们为社会的劳动量作为分配个人消费品的尺度，实行按劳分配的原则。中华人民共和国成立后，我们构建的分配制度主要是以马克思主义经典作家论述为参照依据，借鉴苏联社会主义建设时期分配制度的经验，但是对按劳分配内涵的理解出现了偏差，这种偏离主要在于把按劳分配逐步等同于"平均分配"，致使按劳分配逐渐成为平均主义的代名词。

邓小平在中国改革开放初期推行的农村家庭联产承包责任制，首要目的是把对按劳分配长期的教条式理解重新作了解释，恢复它本来的真正含义。1978年邓小平在审阅《贯彻执行按劳分配的社会主义原则》时指出："我们一定要坚持按劳分配的社会主义原则，按劳分配就是按劳动的数量和质量进行分配"[1]。通过重新对按劳分配的正名和内涵的解释，邓小平希望以此作为中国改革开放后收入分配制度的模式。

在改革开放初期，中国处于各方面的探索阶段，邓小平提出把按劳分配作为当时的分配制度是唯一正确的选择。1980年，在与外国记者的谈话中，邓小平指出："按照马克思说的，社会主义是共产主义的第一阶段，这是一个很长的历史阶段，必须实行按劳分配，必须把国家、集体和个人的利益结合起来，才能调动积极性，才能发展社会主义的生产。"[2]

---

[1] 《邓小平文选》第2卷，人民出版社1994年版，第101页。
[2] 《邓小平文选》第2卷，人民出版社1994年版，第351页。

（三）把按劳分配和实现共同富裕的战略步骤和路径联系起来

打破旧的分配制度只能是重构新的分配制度的破题，如何实现分配制度的路径选择是另一个亟待解决的现实问题。由于当时中国的国情是人均收入处于普遍的低水平，实施什么样的发展战略和步骤，最终实现共同富裕，是关系到社会主义现代化建设的另一个全局性战略问题。

经过通盘思考，邓小平提出了"让一部分地区、一部分人先富起来，最终实现共同富裕"的发展战略和步骤。早在1978年，邓小平就说："要允许一部分地区、一部分企业、一部分工人农民，由于辛勤努力成绩大而收入先多一些，生活先好起来。一部分生活先好起来，就必然产生极大的示范力量，影响左邻右舍，带动其他地区、其他单位的人们向他们学习。这样，就会使整个国民经济不断地波浪式地向前发展，使全国各族人民都比较快地富裕起来"[①]。

允许一部分地区、一部分人先富起来就必须打破平均主义的分配制度，允许在社会主义初级阶段，让一部分人通过诚实劳动、合法经营先富起来，允许在走向共同富裕的过程中有先富和后富，存在富裕程度的差别。同时邓小平在提出让一部分地区、一部分人先富起来的"底线"，这个底线就是不能出现两极分化。这一战略步骤的提出，解决了长期困扰中国共同富裕的路径选择。

（四）改革开放初期分配制度变革的目的是为经济社会发展提供新的动力增长点

改革开放初期邓小平关于分配制度改革的目的主要是解决中国经济效率低下，社会发展动力不足的问题。粉碎"四人帮"后，中国百废待兴，但所有问题均围绕着经济效率低下和社会贫困核心问题表现出来。按劳分配只是恢复它真正的内涵和本意，毕竟是对传统平均主义分

[①]《邓小平文选》第2卷，人民出版社1994年版，第152页。

配理念的一次冲击。改革开放初期，多种所有制经济成分迅速出现，特别是个体经济和私营经济的出现，当时从事个体经济和私营经济的多是体制外人员，他们成为当时人人羡慕的"万元户"的主体，又有"不三不四挣大钱"的说法，这是按劳分配制度对传统平均主义观念的冲击。邓小平的按劳分配制度既是中国改革开放初期分配制度的理论支柱，同时也是针对中国平均主义盛行的矫正。因为当时中国社会面临的主要困惑和主要解决的问题不是分配领域不公的问题，而是分配领域的平均主义和大锅饭，以此提高经济效益，解决社会贫困的问题。

二 社会主义市场经济体制确立与分配制度的划时代变革

（一）社会主义市场经济分配制度的确立和创新之处

1992年邓小平南方谈话和党的十四大确立了社会主义市场经济体制的改革目标，以此为标志，中国由传统分配制度向现代分配制度转变。1993年党的十四届三中全会对分配制度作了新的概括，第一次明确了社会主义初级阶段分配制度的指导思想和分配模式，是对传统社会主义分配制度的重要突破。它的主要内容是"建立以按劳分配为主体，效率优先、兼顾公平的收入分配制度，鼓励一部分地区和一部分人先富起来，走共同富裕的道路"[1]。党的十五大进一步丰富我国的分配制度。提出"把按劳分配和按生产要素分配结合起来，坚持效率优先，兼顾公平"[2]。

社会主义市场经济分配制度的确立是中国分配制度的划时代变革。它的变革之处表现在几个方面：一是分配制度模式的创新。中华人民共和国成立后，尽管对分配制度的理解有差别，但分配制度的表述没有任何变化，即按劳分配，这一次在继承过去分配制度内容的基

---

[1] 《十四大以来重要文献选编》（上），人民出版社1996年版，第261页。
[2] 《十五大以来重要文献选编》（上），人民出版社2000年版，第24页。

础上，第一次提出了新的分配制度模式。

二是指导思想上的重要变化。过去我们分配制度的指导思想离不开社会主义的公平公正思想，这一次提出"效率优先，兼顾公平"，和过去的分配指导思想相比较，是一个划时代的变革。此外，分配机制的创新，第一次确立把资本等生产要素参与收益分配，打破了过去仅仅把劳动作为分配的唯一依据。同时，第一次把分配制度置于社会主义初级阶段基本经济制度和社会主义市场经济基础之上。

社会主义初级阶段分配制度的建立受制于三个方面的内容。一个是社会主义初级阶段的基本经济制度；一个是市场经济的基本规律；另一个是社会主义的本质属性。社会主义初级阶段的基本经济制度决定着"按劳分配和按生产要素分配结合起来"的内容，市场经济决定着"效率优先"和生产要素按贡献参与分配，社会主义共同富裕的属性决定着兼顾公平。

（二）科学理解现代分配制度与社会主义公平价值观念的关系

党的十四大后，中国逐步形成社会主义初级阶段的分配制度和指导思想，和以前相比确实有重大变化，是社会主义分配制度的划时代变革。这次分配制度和指导思想的变革是否意味我们放弃了社会主义的公平价值理念？答案是否定的。中国共产党提出新的分配制度和指导思想必须从几个方面去理解。

首先，从分配制度和指导思想提出的历史地位和历史背景去理解。党的十四大召开时，中国的改革开放已经进行了14年，经过14年的改革，计划经济体制一统天下的局面被打破，市场机制被引进，农村改革更多地体现了市场经济的内涵，城市改革并不顺利，平均主义和大锅饭更多体现在国有经济、事业单位和行政机构，有的甚至在分配制度上和改革前没什么两样。20世纪90年代初的时候，中国社会发展动力不足主要还不是收入差距过大，而是平均主义和大锅饭的体制。这是提出效率优先、兼顾公平的大时代背景。

其次，从社会主义初级阶段来理解新的分配制度和指导思想。

1987年党的十三大提出了社会主义初级阶段的理论，这是改革开放后中国共产党对科学社会主义理论发展的最重要贡献之一，也是邓小平理论形成的基石。党的十三大后，中国共产党的理论、方针和政策必须建立在社会主义初级阶段的基本国情之上，社会主义初级阶段的基本经济制度对分配制度的形成制约最显著，基本经济制度就是坚持和完善社会主义公有制为主体、多种所有制经济共同发展。它体现出分配制度必然随着基本经济制度的变化而变化，分配制度必须与基本经济制度相吻合。

再次，社会主义市场经济体制的确立对新的分配制度和指导思想的制约。传统社会主义分配制度存在的一个主要基础就是计划经济体制，社会主义市场经济体制的确立必然使分配制度适合于市场经济的基本属性。市场经济和计划经济的一个重要区别就是它们对资源配置的方式和效率不同。市场经济是一种高效分配资源的方式，中国选择社会主义市场经济取向就是因为市场经济在资源配置的效率上优于计划经济。因此，我们选择市场经济改革方向就是选择了效率优先，也必然选择生产要素参与到分配中来。

最后，从社会主义目标和实现目标的路径中去理解。我们始终把公平公正的理念作为社会主义的终极价值目标，把消灭剥削，消除两极分化，最终实现共同富裕作为社会主义的本质属性，必须把共同富裕的本质属性和效率优先的手段有机联系起来。

三 面对新世纪阶段性特征的挑战，完善分配制度为社会发展提供平衡机制

（一）21世纪的阶段性特征给中国社会平衡机制带来严重挑战

科学判断中国社会发展的历史方位是中国特色社会主义理论的基石，进入21世纪，中国共产党特别强调我国进入全面建设小康社会新的发展阶段，党的十七大从不同方面分析了我国进入新世纪新阶段呈现新的阶段性特征。把"人民生活总体上达到小康水平，

同时收入分配差距拉大趋势还未根本扭转"① 作为新阶段的主要特征之一。

首先，收入差距过大的经济问题逐步向社会问题扩散，成为困扰中国经济可持续发展和社会稳定的难题之一。伴随着收入分配差距过大导致了改革进程中利益绝对受损者群体与贫富两极分化倾向的出现。在中国改革开放的进程中，分配制度面临挑战的一个重要信号就是利益绝对受损群体的出现，这一情况的出现使许多学者如李强、李培林对中国的收入差距的判断，做出了很大改变，认为部分群体出现了实际收入下降是中国利益收入差距超过合理"度"的一个表现。如果我们不做出及时、恰当的回应，它可能会引起一系列负面的连锁反应，其中一个主要后果就是贫富两极分化现象的出现。

其次，收入差距过大导致改革的社会基础减弱，改革的社会动力不足。从经济学的角度来看，每个人都是自己利益获得或受损的最好判断者。社会中的个体作为理性的"经济人"，对于改革的支持是有条件的。这个条件就在于支持改革给他的预期收益要超过他为支持改革可能付出的预期成本。用戴维斯·诺斯的话，就是如果预期的净收益超过预期的成本，一项制度安排就会被创新。其中，改革给它的预期收益又取决于两个因素：一是改革成功的概率有多大；二是改革成功后新体制给他的回报有多大。二者的乘积就是改革给他的预期收益。

在改革开放进程中，不同社会阶层获得的利益是不均衡的，到20世纪90年代后期，我国的社会结构呈现出"哑铃型"的特征，这种社会结构显示中间群体人数过少，两极特别是底层社会群体人数过大。从改革开放中获得利益的人数在减少，而改革开放中相对受损的人数在相对增加。导致改革进程中改革政策的出台难以达成共识，使改革的成本加大，支持改革的群体在减少，而质疑改革的群体在增加，改革的社会动力不足。

---

① 《十七大报告辅导读本》，人民出版社2007年版，第8页。

（二）完善市场经济分配制度的指导思想、制度构建和路径选择

面对收入差距过大导致社会矛盾凸显，如何在促进经济效率的同时，保持社会的稳定和平衡发展，成为进入21世纪面临的主要挑战。以胡锦涛为总书记的党中央进一步完善分配制度的体系，在指导思想、制度安排和路径选择上都做出了新的贡献。

在完善分配制度的指导思想上，提出科学发展观，在效率与公平的问题上，寻求效率与公平的结合点，提出"初次分配和再分配都要处理好效率和公正的关系，再分配更加注重公平"。在完善分配制度的目标中，提出构建社会主义和谐社会。把"公平正义"作为社会主义和谐社会构建的首要目标，提出改革成果由人民共享的理念。

在完善分配制度的路径选择上，提出了逐步提高居民收入在国民收入分配中的比重，提高劳动报酬在初次分配中的比重；建立企业职工工资正常增长机制和支付保障机制；创造条件让更多群体拥有财产性收入；加快建立覆盖城乡居民的社会保障体系等措施。

在完善分配制度和构建合理社会结构上，提出遏制高收入群体，扩大中等收入群体，减少社会底层群体。

完善分配制度的突出贡献在于正确处理了效率与公平之间的关系，着力提出了社会公平在分配制度完善的指导思想和路径选择上。中国社会科学院社会学研究所"当代中国社会结构变迁研究"课题组的一项全国抽样调查资料，目前大多数人认为，权力、职业和行业是导致当前中国社会不公平现象的主要因素，大约6/10的人（61.5%）选择"因权力造成的不公平"作为当前中国社会最主要的三种不公平现象的首位，显然，人们对政府官员以权谋私、贪污腐败和各种寻租行为极为不满[①]。

中国社会不同群体不公平感并不是简单地来自收入分配领域的差

---

① 李春玲：《各阶层的社会不公平感比较分析》，《中国党政干部论坛》2005年第9期。

别，而是主要因为权力导致的腐败收入、部门经济和垄断经济导致的收入差别，产生了严重的不公平感。应该从权力干预经济社会入手，着重解决腐败收入、部门经济和垄断经济，否则，单单解决经济领域的分配问题，对中国社会公平问题只是舍本逐末，解决权力经济才是釜底抽薪之举。

改革开放后中国思想解放主题的路径转换[*]

1978年启动的中国改革开放的进程始终伴随着理论的创新和思想解放,认识领域中的思想解放和意识形态的斗争与改革实践的推进结合得如此紧密,在世界现代化进程中是不多见的,也是中国现代化建设中凸显中国特色的内容。1978年中国改革开放以思想交锋作为重新启动现代化的前提条件,思想交锋始终贯穿于中国改革开放的全过程。30年来中国思想交锋的内部条件和外部环境都发生了巨大的变化,中国思想交锋的内容和路径都出现了划时代的变化,科学判断中国思想交锋的特点和历史方位的变迁,对推进中国的改革开放具有重要的借鉴价值。

一 政治分层的社会特点与中国改革开放初期意识形态交锋的必然性

1978年以来,中国改革开放始终是在中国特色社会主义主题下进行的,这个主题是沿着两条不可分割的内涵展开的,一个是中国特色社会主义道路;另一个是中国特色社会主义理论。中国特色社会主义的道路和理论是具有内在逻辑关系的统一体,作为一种实践模式,它要走出一条中国特色的现代化发展道路;作为一种理论体系,它要

---

[*] 原载《中国特色社会主义研究》2009年第2期。

创建一系列马克思主义中国化的最新理论成果。

中国特色社会主义道路和理论虽然具有内在的逻辑统一关系，但两者并不是简单的平行关系，无论是从哲学方法论上看，还是从中国特色社会主义实践过程看，中国特色社会主义道路开辟无疑起着决定性作用，"生活、实践的观点，应该是认识论的首先的和基本的观点"①。正是在这种意义上，邓小平于1992年透彻阐明了两者之间的关系："我们改革开放的成功，不是靠本本，而是靠实践，靠实事求是。"②

中国特色社会主义道路是在突破传统苏联模式基础上创立的一种全新的现代化模式，必然要求突破僵化本本主义的理论框架，开创新的中国特色社会主义理论，因此，思想交锋一直成为中国改革开放中突破旧的思想观念、推进改革深入发展的孵化器。每次在中国改革开放进程中突破传统社会主义模式束缚的行动，都伴随着不同程度的思想交锋，这些思想交锋是全方位的，既包括高层意识形态的交锋，也包括不同文化价值观念的交锋，还包括普通社会心理和习俗的冲突，其中，意识形态的交锋是整个社会思想观念交锋的核心，最引人注目的就是1978年关于真理标准大讨论和1989—1992年姓"资"姓"社"问题的争论。

1978年的真理标准大讨论和1989—1992年姓"资"姓"社"问题的争论都是在意识形态的范围内进行的思想大交锋。其中，1978年真理标准大讨论是在哲学层面进行的，而姓"资"姓"社"争论是以经济体制层面为主要内容展开的。真理标准大讨论解决的是中国是否进行改革开放的问题？核心问题是解决中国特色社会主义模式和传统的社会主义模式的关系；1992年姓"资"姓"社"问题的争论是解决中国改革开放方向的问题，核心问题是解决中国特色社会主义与资本主义"两制"之间的关系。

---

① 《列宁选集》第2卷，人民出版社1995年版，第103页。
② 《邓小平文选》第3卷，人民出版社1993年版，第382页。

理论和实践关系从来就不是单向度的"决定与反作用"的模式，而是复杂的多向度的矛盾统一体。从 1978 年到 1992 年，中国社会先后进行了两次意识形态的交锋，这与中国社会的特点分不开。一是中华人民共和国成立后到改革开放前，中国以阶级斗争和意识形态教育为主要内容，导致中国民众的阶级意识和意识形态的思维模式和惯性。

二是改革带来的社会心理的矛盾和思想的多元化，意识形态交锋成为现实生活矛盾的独特表现形式。

三是意识形态在整个文化中转变的滞后性。在中国改革开放的进程中行为文化是最早发生变化的，然后是改革开放使中国民众的行为文化和心态文化发生了急剧的变化，而意识形态的变革却明显滞后。

除此之外，意识形态交锋的显著特征不仅为中国共产党所有，也是马克思主义政党普遍存在的一种现象。国际上的部分学者根据政党对待意识形态的态度和差别提出"意识形态型政党"和"实用型政党"的划分。中国共产党是意识形态取向的政党，马克思主义的意识形态在党内指导思想中占有主导地位。"自觉把思想认识从那些不合时宜的观念、做法和体制的束缚中解放出来，从对马克思主义的错误的和教条式的理解中解放出来，从主观主义和形而上学的桎梏中解放出来"[①]，始终是中国共产党解放思想面临的长期主题。

二 经济分层社会特点与中国思想解放背后利益化矛盾的凸显

随着 1992 年邓小平南方谈话之后，中国改革开放进入了新的阶段和发展时期。社会主义市场经济体制的确立在中国改革开放的历史上具有划时代的意义。社会主义市场经济体制的确立不仅使中国的经济运行体制发生了根本的变化，而且出现了经济成分和经济利益主体

---

① 《江泽民文选》第 3 卷，人民出版社 2006 年版，第 284 页。

多样化，社会生活方式多样化，社会组织形式多样化，这些新情况带来了经济结构和社会关系的新变化的社会特点。经济社会的全方位变化导致中国民众社会心理、价值取向和意识形态的多元化，对中国社会长期存在的意识形态的斗争产生了重要影响。

首先，从社会主义市场经济体制目标确立之后，以单纯意识形态为主要内容的思想交锋逐步消退。中国的思想解放再没有出现过像1978年和1992年大规模的意识形态化的思想交锋。此后，虽然学术界也认为1992年之后也出现过不同程度的思想交锋，学者对1992年之后中国是否出现过第三次思想交锋或者第三次思想交锋的内容有着不同的看法。

其次，1992年社会主义市场经济确立之后的思想交锋被局限在学术圈等领域，没有对整个社会造成震动和影响。1997年提出的公有制企业改革的姓"共"姓"私"之争，2004年以"郎顾之争"引起的关于国有企业改革中国有资产流失的问题，2007年提出的改革反思和民主社会主义之争都在社会上产生了一定的影响，这些影响均被局限在学术圈等有限的范围内，几次争论的学术性和理论性增强，意识形态的特点明显减弱。

最后，出现了思想交锋的利益化和碎片化。所谓思想交锋的利益化是指在思想交锋过程中，思想交锋的焦点和内容转向利益分配问题；思想交锋碎片化是指思想交锋呈现出局部的、小范围的争论。2004年的"郎顾之争"主要内容就是关于国有企业改革中利益分配失衡的问题。同样，2007年提出的反思改革就是面对改革出现的利益格局严重失衡和不公的问题。人们关注的焦点和内容逐步指向改革中的具体问题。无论是中国社会科学院发表的年度经济社会发展形势与分析报告，还是每年"两会"发布的网络民意分析，当代中国公民最为关注的问题主要集中在干部腐败、收入差距和不公、社会就业等现实问题上，展示出人们对现实利益问题的关注。

之所以发生这样的变化，主要有以下两个原因。

第一，经过两次主要的思想交锋和思想解放，中国民众的思想已经得到了极大的解放,属于意识形态范围的思想斗争已经基本解决。1978年"真理标准大讨论"和1992年姓"资"姓"社"问题之争解决中国改革开放和现代化建设中最核心的两个思想问题,一个是要不要改革开放;另一个是如何改革开放。前者主要解决了中国特色社会主义道路和传统社会主义模式的关系。后者解决了中国改革开放中如何处理社会主义和资本主义的"两制"关系。两次思想交锋和两个主要问题的解决,从思维模式到具体问题,几乎完成了中国当代核心意识形态的转型问题。

第二,中国经过30年的改革开放,逐步由政治分层进入经济分层,中国社会逐步进入利益格局重建的时代。"我国已进入改革发展的关键时期,经济体制深刻变革,社会结构深刻变动,利益格局深刻调整,思想观念深刻变化。"[1] 经济收入成为决定个体或群体在社会中的声望和政治地位的要素,因此,人们关注的焦点和努力的方向集中在物质利益的收入和分配上,过去关注阶级斗争和思想斗争的思维模式逐步退出,意识形态的斗争逐步遭到冷漠。中国社会逐步分化为强势利益群体和弱势利益群体,利益集团化、利益部门化、利益地方化正在成为一种较为普遍的现象,中国已经进入不同群体利益博弈的时代。以取得物质利益为主要内容的利益博弈成为当今中国社会个体或群体从事社会活动的内在动因。

三 邓小平"不争论"思想与开辟中国特色社会主义道路的独特作用

当代中国改革就是要突破传统社会主义模式,这必将使中国特色社会主义道路的开辟和中国传统社会主义思维理论之间的矛盾更加突出。如何化解理论和实践之间的矛盾,是关系中国现代化建设的全局问题。

---

[1] 《十六大以来重要文献选编》(中),中央文献出版社2006年版,第355页。

"不争论"思想是邓小平处理理论与实践相互关系的哲学思维方式。在理论与实践两者的相互关系中，究竟是理论的解放程度处于主导地位，还是实践对理论解放程度起着决定作用，邓小平"不争论"的思想科学地回答了这一问题。所以，他一改"文化大革命"时期用大辩论来解决思想问题的传统做法，改为用实践来回答理论问题。在推进中国改革开放的进程中，每一次改革步伐的推进，都会引起思想领域的争锋，他不是通过大辩论或者大讨论的形式来解决改革道路上的思想障碍，而是大胆地在实践中先做起来，让实践为理论来作注解。跨过30年的改革之后，中国现代化建设所处的历史方位，所呈现的阶段性特征与改革开放之初已经有很大的不同。

首先，在改革开放的30年中，我们逐步由过去的"摸着石头过河"形成中国特色社会主义理论。中国特色社会主义理论的初步形成，不仅为继续开拓中国特色社会主义道路提供了强有力的指导思想，同时也为解放思想提供了强大的理论武器，这和改革开放初期"摸着石头过河"的局面相比有了根本的改观。

其次，经过改革开放30年，经过多次的思想解放运动，当时中国面临的思想解放的主题和内容已经和改革开放初期有很大的不同。改革开放初期的两次思想解放运动，主要解决长期束缚人们的传统社会主义模式和僵化本本主义思维。经过两次思想解放运动和现代化实践道路的开辟，中国解放思想中的意识形态领域的争斗已经基本结束，即使出现一些认识上的分歧，也只是新旧思想的矛盾，不能简单上升到意识形态的斗争，当今中国思想解放的主要内容已经逐步变为利益问题之争。

随着中国改革逐步走向体制攻坚改革，利益分配问题日益突出，党的十六届四中全会在判断我国现阶段主要特征时，提出了"我国已进入改革发展的关键时期，经济体制深刻变革，社会结构深刻变动，利益格局深刻调整，思想观念深刻变化"[①]。利益格局既是经济社会

---

① 《中共中央关于加强党的执政能力建设的决定》，人民出版社2004年版，第6页。

发展的产物，同时又深深影响着改革的进一步推进。中国（海南）改革发展研究院的调查问卷显示，近74%的专家学者认为，制约中国改革攻坚的主要因素是利益集团的掣肘和缺乏改革协调机制。今天思想解放主要还是为了解决改革阻力和瓶颈的问题，但是改革的阻力和瓶颈不再是超越利益之上的意识形态之争，而是围绕着利益化的思想之争。从表面看，思想解放似乎是单纯的思想领域问题，但是在思想领域问题背后问题利益化的情况下，仅仅通过思想领域已经难以达到前两次思想解放的效果。

中国改革的实践演进路径仍然需要按照邓小平提出的"不争论"思想，思想解放运动不宜搞得过于频繁。特别是在中国现代化进程中出现的新的阶段性特征——利益特征更为明显的情况下，仍需要在改革的措施和步伐上推进实践的进程，特别是在破除利益集团化和利益部门化方面迈出实质性的步伐，遵循邓小平的"不争论"思想，尊重实践的主导地位，把实践的主导地位和解放思想的效能地位结合起来，突破困扰中国改革的瓶颈问题。

中 篇

利益关系整合与社会治理

改革开放 40 年中国社会矛盾治理的系统性创新及经验启示[*]

改革开放 40 年以经济建设为中心的现代化发展战略，使中国创造了发展中国家经济腾飞的奇迹，同时，社会矛盾成为中国改革开放和现代化建设的衍生品，使中国长期处于和面临"战略机遇期"和"矛盾凸显期"的机遇与挑战，成为关系中国改革开放和现代化建设成败的重大理论与实践命题。梳理 40 年来中国改革开放和现代化建设中社会矛盾演变的轨迹、路径及特点，分析中国共产党关于矛盾治理理念和方式的改革与创新，揭示中国 40 年来社会矛盾演变特点，从而为全面深化改革和实现"两个一百年"奋斗目标提供保持社会稳定的经验借鉴。

一　中国改革开放 40 年中国社会矛盾治理的系统性创新及经验启示

"改革是问题倒逼产生的"，40 年前启动的改革开放就是在经历"文化大革命"之后，传统社会主义制度的弊端暴露无遗，各种问题和矛盾堆积如山。问题意识是催生中国改革开放的原动力。所以，中国改革开放 40 年，就是在直面矛盾、解决矛盾的循环往复中进行的。"我们中国共产党人干革命、搞建设、抓改革，从来都是为了解决中

---

[*] 原载《理论探讨》2019 年第 2 期。

国的现实问题。可以说,改革是由问题倒逼产生的,又在不断解决问题中得以深化。"① 由于中国现代化建设的独特性和中国现代化建设的阶段性特征,因此,改革开放40年中国社会矛盾在不同发展时期出现了阶段性特征。

(一)妥善处理"文化大革命"遗留政治利益矛盾为改革开放奠定前提条件

1978年党的十一届三中全会召开之际,首先面临亟待解决的社会矛盾是"文化大革命"遗留的各种政治利益矛盾。1976年中国"文化大革命"结束之时,百废待兴,各种历史遗留问题堆积如山,国民经济到了崩溃边缘。"文化大革命"结束后到党的十一届三中全会召开之时,中国共产党和国家各项工作在徘徊中前进。平反冤假错案成为中国启动改革开放的最突出的矛盾。

党的十一届三中全会之后,本着实事求是的原则,拨乱反正,平反了"文化大革命"期间大量的冤假错案,1979年中共中央做出《关于地主、富农分子摘帽问题和地主、富农子女成分问题的决定》,解决长期存在的身份歧视问题。到1983年7月,"文化大革命"中30多万件冤假错案、110万件历史遗留案件得到纠正和复查,300多万名干部得到平反昭雪,54万错划的右派得到纠正②。这些措施为中国改革开放奠定了稳定的政治条件。

(二)改革开放初期中国经济利益矛盾凸显且处于相对合理范围

中国改革开放初期是指从1978年改革开放启动,到1992年社会主义市场经济体制改革目标的确立,这一时期社会矛盾的主要表现形式是经济利益矛盾凸显。进入20世纪80年代后,中国确立了社会主义初级阶段主要矛盾,即"人民日益增长的物质文化需要与落后的社

---

① 习近平:《习近平谈治国理政》,外文出版社2014年版,第74页。
② 中共中央党史研究室:《中国共产党历史》第2卷,中共党史出版社2011年版,第1030页。

会生产之间的矛盾"①。以经济建设为中心的发展战略导致中国社会矛盾性质开始从政治利益矛盾转向经济利益矛盾，此后，人民内部利益矛盾成为主导性社会矛盾。

在农村主要表现为人民公社管理体制解体，实施家庭联产承包责任制，引发的农村土地承包纠纷；村级和生产队解散时集体财产分配纠纷；农业社会中传统的宅基地纠纷；农村计划生育引发的社会矛盾。城市随着"放权让利"改革的实施，原来大锅饭的分配体制被打破，城市工厂出现了收入分配差距增大引发的矛盾增多，但总体收入差距处于正常范围。进入20世纪80年代中期后，随着我国从传统的计划经济向市场经济过渡，伴随着"双轨制"的产物而出现的"官场寻租"等腐败现象日趋严重，从而引发80年代后期的政治风波。同时，农村家庭联产承包责任制实施后的边际效应递减，使改革开放后城乡收入差距逐步缩小后，又开始逐步拉大。

（三）1992年社会主义市场经济体制改革目标确立之后社会矛盾分化加剧

1992年社会主义市场经济体制改革目标确立之后，中国社会矛盾从传统的计划经济体制特征的社会矛盾，转向以市场经济为特征的社会矛盾。由于市场经济的内在属性，1992年后中国城乡、区域和阶层的收入差距速度加快。农村的税费征收的强制性，计划生育的刚性执行力，导致农民与基层政府的矛盾加剧，农村基层干群矛盾突出。与此同时，城镇开始的国有企业改制中企业大规模破产，城市进行国有企业改制中国有资产流失、下岗职工买断工龄利益受损、下岗职工社会保障缺失等矛盾凸显期，其遗留问题延续至21世纪。这一时期，社会矛盾较之改革开放初期的20世纪80年代，分化的速度和程度急剧上升。

---

① 中共中央文献研究室：《三中全会以来重要文献选编》（下），人民出版社1982年版，第839页。

(四) 21 世纪后中国进入社会矛盾"凸显期"

进入 21 世纪后,中国社会矛盾在数量、类型、形式、强度、后果、影响等方面呈现出上升的趋势,进入社会矛盾"凸显期"。以观察中国社会矛盾窗口的信访为例,从 1992 年起,中国信访总量连续 12 年攀升,年均增幅在 10% 以上,其中,2000 年信访总量是 1995 年的 2.13 倍,到 2004 年达到峰值,总计 1373.6 万件,出现了"信访洪峰"[①]。社会矛盾的类型在 21 世纪更加繁多又相对集中。农村土地征用补偿问题、城镇房屋拆迁的补偿矛盾、环境污染问题、国有企业改制遗留问题、城乡二元分治下拖欠农民工工资纠纷、社会保障问题、涉法涉诉问题、干部作风问题,成为 21 世纪开局 10 年社会矛盾集中的主要领域。

社会矛盾表现形式上的群体冲突凸显,群体性事件数量急剧增加。2005 年,中国社科院发表的《社会蓝皮书》,从 1993 年到 2003 年,中国群体性事件由 1 万起,增加到 6 万起,参与人数从 73 万人增加到 307 万人[②]。据《瞭望·新闻周刊》报道,2005 年上升到 8.7 万件,2006 年超过 9 万件,2008 年达到峰值[③]。

同时,群体性事件类型多元化,从传统利益型群体性事件转向"泄愤性冲突"。在矛盾强度和烈度上,体制外的暴力冲突增多,如"瓮安事件"、"石首事件"等触及中国政治稳定的底线。踩线而不越线的灰色冲突也在增加,如厦门"反对 PX 事件"、上海"反对磁悬浮"事件中出现的集体散步等形式。随着互联网等现代信息技术的应用,一种全新的虚拟社会矛盾出现,这种从现实矛盾转移到网络空间,以网络人群聚集和舆情共振为主要表现形式的新型社会矛盾和冲

[①] 张恩玺:《关于当前的社会矛盾和信访矛盾》,《信访与社会矛盾问题研究》2011 年第 1 期。

[②] 汝信:《2005 年中国社会形式分析与预测》,社会科学文献出版社 2005 年版,第 78 页。

[③] 赵鹏:《"典型群体性事件"的警号》,《瞭望·新闻周刊》2008 年第 18 期。

突出现，这种虚拟社会矛盾被称为网络群体性事件或者网络舆情突发事件，对政府的公信力提出新的挑战。

（五）进入新时代后中国社会矛盾内涵发生新变化

中国特色社会主义进入新时代，中国社会主要矛盾发生新变化，转化为：人民日益增长的美好生活需要和不平衡不充分发展之间的矛盾，主要矛盾的变化导致我国社会矛盾出现了新的阶段性特征。中国信访数量和群体性事件数量上升趋势得到遏制，社会矛盾呈现出稳中缓降的态势，但社会矛盾仍处于高位运行，仍属于多发易发的"矛盾凸显期"。

从矛盾数量上看，中国社会矛盾数量在21世纪前10年达到峰值后，开始缓慢下降，但仍处于高位运行。2005年，中国信访总量为1265.6万件，比2004年信访峰值下降7.9%，是中国信访发展趋势的拐点，此后7年中国信访连续保持下降的趋势。据国家信访局公布的信息，2006年中国信访总量、集体上访量、非正常上访量和群体性事件发生量实现"四个下降"。

由于中国经济进入新常态，社会主要矛盾发生新的转变，社会矛盾又呈现出新时代的新特点。一是经济下行压力增大，导致非法集资引起的群体性事件大幅上升，拖欠农民工工资纠纷时有发生。二是新型城镇化速度加快，农村土地征用、城镇拆迁引起的纠纷居高不下。三是经济发展与环境保护之间的矛盾加剧，环境污染群体性事件呈现上升趋势。四是民众权利意识增强，导致城镇业主与房地产开发商、物业管理矛盾凸显。五是网络舆情突发事件仍居高不下。六是特殊人群有组织维权加剧。七是信访中的"闹大"、缠访等谋利型上访增多。

当前，中国社会矛盾总体特征表现为：矛盾数量相对稳定但居高不下；矛盾源头生成复杂化且相对集中；矛盾内容关联性与叠加性；矛盾冲突形式多样化；部分冲突刚性程度加剧；民众权利和维权意识增强；矛盾化解难度和成本增大。与以前相比较，中国社会矛盾也出现了新特点：矛盾表现形式从隐性走向显性，单一走向叠加；矛盾成因中利益因素和心理因素交织，个人意识凸显与制度缺陷共存；矛盾聚集效应明显，"小矛盾"易演变为"大矛盾"①。

二 改革开放40年中国共产党矛盾治理的系统性变革

以矛盾治理为目标，中国共产党直面中国改革开放中社会矛盾的特点和趋势，深入把握中国社会矛盾40年发展规律。在社会矛盾治理方面提出较为系统的理论与实践创新。这种创新体现在社会矛盾话语体系、矛盾治理理念、矛盾治理策略、矛盾治理方式、矛盾治理体制机制、矛盾治理目标等方面的系统性和整体性变革，中国共产党初步形成中国特色社会主义初级阶段社会矛盾理论。

（一）构建中国特色社会主义矛盾理论话语体系

在总结改革开放40年中国特色社会主义矛盾及治理的实践基础上，中国共产党关于社会矛盾治理理论创新，首先表现在矛盾理论话语变革。1957年，毛泽东发表《关于正确处理人民内部矛盾的问题》，在这篇经典文献中开始构建中国特色、中国风格、中国气派的社会矛盾治理话语——人民内部矛盾学说。人民内部矛盾学说在社会主义基本矛盾、两类不同性质的矛盾区分、不同性质矛盾处理等方面构建了社会主义矛盾理论的基本话语。时至今日，人民内部矛盾学说仍是改革开放后，中国共产党关于社会主义矛盾理论的主流话语。

在改革开放40年中国特色社会主义实践过程中，涌现出大量纷繁复杂的矛盾，人民内部矛盾学说需要随着实践进行丰富和发展，特别是中国特色社会主义矛盾理论的话语创新。随着我国从"以阶级斗

---

① 刘建明：《当前社会矛盾的新特点》，《政策》2016年第9期。

争为纲"向"以经济建设为中心"的路线转变,社会主义矛盾话语从政治利益构建,转向经济利益和社会利益的构建,先后提出"社会矛盾"和"人民内部利益矛盾"的范畴。此后,党的十六届六中全会提出"构建社会主义和谐社会"的目标话语。

党的十八大以后提出"构建中国特色社会主义社会治理体系"的治理话语结构。中国特色社会主义矛盾理论的话语体系从过去单一政治关系属性为核心的人民内部矛盾学说,向政治属性、利益属性、社会属性和法律属性的复合型矛盾话语体系转变,形成以人民内部矛盾学说为基础,辅之以社会矛盾、利益矛盾、社会主义和谐社会和社会治理体系等矛盾谱系为主要内容的话语体系。

(二)中国特色社会主义矛盾治理理念创新

改革开放 40 年中国特色社会主义矛盾治理创新体现在矛盾治理多元理念上。

提出从"以人为本",到"以人民为中心"的矛盾治理的价值理念。2003 年,胡锦涛提出科学发展观,并把科学发展观的核心——以人为本,作为构建社会主义和谐社会的基本理念。党的十九大把"以人民为中心"作为习近平新时代中国特色社会主义思想的价值理念,以"人民为中心"的价值理念是贯穿习近平新时代中国特色社会主义社会矛盾治理的价值立场。

把社会矛盾治理纳入中国特色社会主义改革发展稳定的全局,提出改革发展稳定之间的辩证关系。"发展是硬道理,解决中国所有问题的关键要靠自己的发展。改革是发展的动力,是我们走向现代化的必由之路。稳定是改革和发展的基本前提,没有稳定什么事情也办不成。"①

完善法治化解矛盾的思维方式。从邓小平的"发扬社会主义民主,健全社会主义法治",到江泽民提出"依法治国是党领导人民治

---

① 《江泽民文选》第 2 卷,人民出版社 2006 年版,第 259 页。

理国家的基本方略",特别是习近平提出"全面依法治国",不仅在工具层面,更重要的是在思维层面,明确提出化解社会矛盾必须具有法治思维。"坚持依法治理,加强法治保障,运用法治思维和法治方式化解社会矛盾。"①

实现社会矛盾从"管理"到"治理"理念的转变。围绕着推进国家治理体系和治理能力现代化,社会矛盾的预防和化解,从过去单一的政府主体的刚性社会矛盾管理理念,向多元主体参与的柔性治理理念转变,打造共建共治共享的社会治理格局。

(三) 中国特色社会主义矛盾治理策略和方式的新发展

科学判断中国社会矛盾发展的新态势,为正确处理社会矛盾奠定依据。从世界现代化发展一般规律和中国现代化建设发展特点出发,提出中国既长期处于"战略机遇期"又处于"矛盾凸显期"的双重判断。创造了发展中国家向现代化转型中既注重经济快速发展又保持社会相对稳定的经验。

从矛盾治理的环节上,提出从侧重事后处置到事前预防以及矛盾源头治理的方针。改革开放初期,由于处理社会矛盾策略的不完善,过多从矛盾发生之后进行治标处置。随着改革开放的深入以及对社会矛盾认知的深化,强调从矛盾源头进行治本预防,从源头减少矛盾的发生,防范化解重大社会风险。在实践上,探索出地方政府重大决策和重大事项社会稳定风险评估机制。

在矛盾治理的策略上,构建了危机管理机制,弥补了社会矛盾治理的空白。随着中国各种社会风险的突发性、不确定性、演变迅速性等特征,特别是2003年SARS事件之后,借鉴国际风险预警与危机管理理论与实践,在中国加快构建社会矛盾的风险预警和危机管理体制与机制,形成"一案三制"为主要内容的管理体制。风险管理和

---

① 《中共中央关于全面深化改革若干重大问题的决定》,人民出版社2013年版,第49页。

应急管理体制、机制的逐步完善，使政府防范和处置突发事件的应急处置能力进一步提升。

社会矛盾治理手段从过去管理为主转向综合治理手段，同时，注重充分发挥法治在社会矛盾治理中的权威作用。中国社会矛盾治理坚持综合治理，从过去注重单一管理向法治、行政、经济、调解、心理疏导等综合治理方式的转变，同时，注重法治化解社会矛盾的权威作用。"各级领导干部要提高运用法治思维和法治方式深化改革、推动发展、化解矛盾、维护稳定能力，努力推动形成办事依法、遇事找法、解决问题用法、化解矛盾靠法的良好法治环境。"① 按照这一原则，中国信访实行的诉访分离就是坚持运用法治方式化解社会矛盾的创新。

注重把以改善民生的社会建设作为社会矛盾治理的源头和重点。随着改革开放的深入，民生问题凸显，以民生问题为主要内容的社会建设，成为关系人民群众切身利益的领域，也是社会矛盾多发和易发之地。党的十八大提出："必须从维护最广大人民根本利益的高度，加快健全基本公共服务体系，加强和创新社会管理，推动社会主义和谐社会建设。"② 注重完善公共服务体系，不断满足人民日益增长的美好生活需要，让改革发展的成果更多更公平地惠及全体人民。

从注重维稳转向维稳与维权有机结合起来。改革开放初期，注重"稳定压倒一切"，"发展是硬道理、维稳是硬任务"，后来逐步异化为"刚性维稳"和压力性维稳体制，造成越维越不稳的怪圈。进入新时代后，中国打破传统维稳与维权的对立，提出维权是维稳的基础，维稳的实质是维权，把维稳与维权有机结合起来。"要处理好维稳和维权的关系，要把群众合理合法的利益诉求解决好，完善对维护群众切身利益具有重大作用的制度，强化法律在化解矛盾中的权

---

① 《习近平谈治国理政》，外文出版社2014年版，第142页。
② 《十八大报告辅导读本》，人民出版社2012年版，第34页。

威地位,使群众由衷感到权益受到了公平对待、利益得到了有效维护。"①

社会矛盾治理从粗放型转向精细化治理,社会矛盾治理重心下移。随着对社会矛盾及其治理规律的认识,过去对社会矛盾治理的粗放型特点,向矛盾治理的精细化转变。在实践中,探索出基层社会矛盾的网格化治理,基层社会矛盾"微治理",大数据与社会矛盾的研判、治理相结合的模式。为从矛盾源头上,早发现,快治理,避免矛盾的扩散进行探索。

(四) 创新中国特色社会矛盾治理体制机制

中国特色社会主义矛盾治理,总体纳入社会治理体制大范畴内,在中国特色社会治理体制上,社会矛盾治理的主体上从过去的政府单一主体向多元主体的转变。随着社会治理理念取代社会管理理念,党的十九大明确提出"完善党委领导、政府负责、社会协同、公众参与、法治保障的社会治理体制"②。在社会矛盾治理机制上,党的十八大提出"加快形成源头治理、动态治理、应急处置相结合的社会管理机制"③。党的十八届三中全会进一步提出社会治理必须坚持系统治理、源头治理、依法治理、综合治理。在全面深化改革目标上,把社会矛盾治理体制机制创新,纳入完善和发展中国特色社会主义制度、推进国家治理体系和治理能力现代化的总目标。

(五) 构建中国特色社会主义社会矛盾治理的目标

在社会矛盾治理的目标上把社会主义和谐社会作为化解社会矛盾维护社会稳定的目标。从改革开放初期的刚性维稳到社会主义和谐社会的构建。针对被异化为刚性维稳理念下的"压力性维稳体制",

---

① 《习近平谈治国理政》第 2 卷,外文出版社 2017 年版,第 38 页。
② 习近平:《决胜全面建成小康社会 夺取新时代中国特色社会主义伟大胜利》,人民出版社 2017 年版,第 48 页。
③ 《十八大报告辅导读本》,人民出版社 2012 年版,第 35 页。

2006年中国共产党提出构建社会主义和谐社会，把社会主义和谐社会作为社会主义本质特征。党的十八届三中全会把创新社会治理体制与构建社会主义和谐社会有机联系起来，提出："最大限度增加和谐因素，增强社会发展活力，提高社会治理水平，全面推进平安中国建设，维护国家安全、确保人民安居乐业、社会安定有序。"[①]

三 改革开放40年中国社会矛盾治理的经验总结

（一）社会矛盾发展趋势呈现出与现代化发展阶段相一致的特征

改革开放40年中国社会矛盾发展特征与中国特色社会主义和现代化发展阶段紧密联系在一起。每一个现代化发展历史阶段，因其发展的历史任务不同，产生社会矛盾的原因有所差别，社会矛盾类型和重点也有区别。因此，根据改革开放40年不同历史发展阶段社会矛盾类型区分度，采取差别性治理方式，也是社会矛盾治理的特点。

改革开放初期社会矛盾产生的特点带有计划经济时代和农业社会的传统特征。1992年，社会主义市场经济体制改革方向的确立，在中国现代化建设历史上具有划时代的意义。从此，市场经济取代计划经济成为我国社会矛盾产生和发展的经济基础。1992年之后社会矛盾产生的特点带有市场经济分化的基本特征。

21世纪后社会矛盾凸显与中国现代化发展战略中的"四化"推进有明显的关联性。进入21世纪后，随着我国现代化建设中工业化、新型城镇化、新型农业化和信息化的推进，由此导致的农村征地、城镇房屋拆迁等社会矛盾急剧上升。工业化过程中的环境污染导致人与自然环境的矛盾加剧。新型农业化过程中城乡二元化矛盾增多，信息化过程中网络虚拟矛盾多发。所以，中国社会矛盾特征与中国现代化

---

① 《中共中央关于全面深化改革若干重大问题的决定》，人民出版社2013年版，第49页。

发展战略密切相关。

中国特色社会主义进入新时代后，社会主要矛盾内涵向高层次和多样性转变。随着中国现代化"三步走"发展战略中全面建成小康社会进入决胜阶段，"四化"协同发展战略的实施，社会矛盾从温饱型利益矛盾向高层次和多元性转变。人民利益需求从传统物质利益需求向公平、正义、法治、安全和环境等需求转变，由此导致新型社会矛盾上升。收入分配公平性问题、城乡二元化问题、司法公正问题、环境污染问题、农村留守儿童老人的关爱问题，新型城镇化过程中农村征地、城镇房屋拆迁补偿公平性，农村土地流转纠纷，信息化进程中网民情绪纾解与舆情引导等，成为新时代中国主要矛盾新变化后导致社会矛盾发展的新趋势。

总体来看，改革开放40年中国社会矛盾发生原因、主要类型呈现出阶段性特征，这个阶段性特征与中国现代化发展阶段一致。从中国式现代化"三步走"发展阶段看，中国改革开放初期主要围绕着温饱型物质利益社会矛盾。1990年到中国特色社会主义进入新时代，从实现全面建成小康社会产生的生存型社会矛盾向发展型社会矛盾的过渡。从世界现代化发展过程看，改革开放40年中国现代化发展阶段和任务是走中国特色工业化、城镇化、新型农业现代化和信息化的发展道路。每一个发展阶段中有不同的重点发展任务，围绕着中国现代化不同发展阶段的工业化、城镇化、新型农业化和信息化的不同重点任务，导致中国改革开放40年社会矛盾在不同发展阶段凸显的差异性，呈现出社会矛盾内涵的阶段性特征。

（二）围绕解决社会基本矛盾和主要矛盾为主线，把改革和发展作为解决社会矛盾双轮驱动

中国改革开放的起点从理论逻辑上，源于马克思主义经典理论中生产力与生产关系、经济基础与上层建筑之间的基本矛盾。毛泽东在探索社会主义建设道路时，从理论上提出社会主义基本矛盾是社会发展动力，"社会主义生产关系已经建立起来，它是和生产力的发展相适应的；但是，它又还很不完善，这些不完善的方面和生产力的发展又是相矛盾的"①。邓小平在汲取毛泽东关于社会基本矛盾动力及解决方法的正、反两个方面经验教训基础上，把改革作为解决社会基本矛盾的主要方法。因此，邓小平把改革称为"中国第二次革命"和"决定中国命运的一招"。通过改革不适应生产力的生产关系，不适应经济基础的上层建筑，来解放和发展生产力。

通过解决社会基本矛盾，改革不适应生产力的生产关系和上层建筑的体制机制，为社会矛盾治理提供动力机制。特别是经过40年改革开放，中国经济发展进入深水区、改革攻坚期、矛盾凸显期和战略机遇期。党的十八届三中全会提出全面深化改革的决定，提出用改革的方法，破除同生产力不适应的经济基础和上层建筑的各种体制机制的藩篱，从深层次上化解社会矛盾，构建社会主义和谐社会。

通过解决社会主义初级阶段主要矛盾，坚持发展作为解决社会矛盾的主要途径。1981年，中国确立了社会主义初级阶段的主要矛盾，坚持以经济建设为中心解决社会主要矛盾，发挥主要矛盾在各种矛盾中的主导性、决定性作用，通过解决主要矛盾直接或间接带动各种社会矛盾的化解。改革开放40年，无论是以经济建设为中心，还是发展是执政兴国第一要务，到科学发展观和新时代新发展理念的确立，始终围绕发展是解决我国所有问题的关键，在发展中解决各种社会矛盾。

把社会基本矛盾与社会主要矛盾有机地联系起来，通过改革与发展的双轮驱动，来提高社会矛盾治理的协同性和有效性。改革开放40年，中国共产党提出"改革发展稳定"的辩证关系，把社会基本矛盾解决与社会主要矛盾解决有机联系起来，通过解决基本矛盾为解决社会矛盾提供动力，通过主要矛盾解决为化解社会矛盾提供发展要素，进而把改革动力与发展要素结合起来，形成化解社会矛盾的合力。"坚持发展仍是解决我国所有问题的关键这个重大战略判断，以

---

① 《毛泽东文集》第7卷，人民出版社1999年版，第215页。

经济建设为中心,发挥经济体制改革牵引作用,推动生产关系同生产力、上层建筑同经济基础相适应,推动经济社会持续健康发展。"①

(三) 社会矛盾特征既遵循世界现代化发展一般性又有其特殊性

中国现代化作为世界现代化的一部分,其发展特点遵循世界现代化发展规律的一般性。因此,中国现代化发展进程中出现的社会矛盾,也具有世界现代化发展的一般特征。改革开放前,中国社会具有静态的社会稳定性。改革开放后,伴随着中国经济高速发展,中国社会进入矛盾"凸显期"。中国现代化进程中伴随着矛盾凸显期,符合塞缪尔·亨廷顿对发展中国家现代化进程社会稳定一般性的判断,"现代性孕育着稳定,而现代化过程却滋生着动乱"②。从世界各国的发展历程看,人均GDP达到3000美元以上阶段,各种社会矛盾和风险增加,如果处理不好,容易掉入"拉美陷阱"。中国改革开放进入21世纪后,中国社会矛盾进入"凸显期"。特别是2005年中国信访总量达到改革开放后最高峰,出现了信访洪峰,同时,群体性事件数量进入高峰。说明世界上任何一个国家在现代化进程中都会出现一个矛盾凸显期。

中国现代化根植于中国基本国情,具有中国特色现代化道路,因此,改革开放40年社会矛盾发展演变特点具有中国特殊性。中国作为一个后发外源性国家,把西方几百年现代化发展过程压缩到100多年的时间内,西方现代化过程中次第展开的社会矛盾,在中国现代化进程中被压缩到狭窄的时间内,形成工业化、农业现代化、城镇化和信息化各种社会矛盾相互交织、相互叠加的压缩性风险"胶囊"。"我们在推进改革开放和社会主义现代化建设中所肩负任务的艰巨性和繁重性世所罕见,我们在改革发展稳定中所面临矛盾和问题的规模

---

① 《中共中央关于全面深化改革若干重大问题的决定》,人民出版社2013年版,第5页。
② [美]塞缪尔·亨廷顿:《变革社会中的政治秩序》,王冠华译,华夏出版社1988年版,第56页。

和复杂性世所罕见，我们在前进中所面对的困难和风险也世所罕见。"①

中国作为一个后发外源性的赶超型现代化国家，在实现"四化"过程中遭遇到信息社会矛盾与工业化过程传统矛盾的叠加效应。以工业化为主要内容的现代化任务还没有实现的时候，又遭遇到后现代国家的信息化任务，使以互联网为代表的信息社会矛盾与传统工业化社会矛盾叠加。互联网在信息传播、舆情聚集方面有其便捷性、虚拟性、快捷性等特征，中国现代化进程中凸显的社会矛盾，会被迅速传播到网上，在网络舆情传播下，容易形成网络围观、网络舆情突发事件或者网络群体性事件。这种虚拟社会矛盾与工业化和城镇化过程中现实社会矛盾产生相互共振现象，是发达国家现代化进程中所没有遭遇过的挑战。

面对社会矛盾复杂化注重矛盾的整体性、协同性和系统性治理，改革开放40年中国社会矛盾演变趋势总体呈现出复杂化、多样化的趋势，不同类型社会矛盾相互之间的关联性增强，要解决一个复杂的矛盾，涉及矛盾化解的体制机制的不同方面。

改革开放后，面对社会矛盾复杂化和多样化，早在20世纪80年代，中共中央已经认识到单靠一个部门和一种手段，无法恢复良好的社会治安。1991年，中央提出"社会治安综合管理治理的方针，是解决中国社会治安问题的根本出路"，并成立了从中央到地方的各级社会治安综合管理委员会。

中国特色社会主义进入新时代后，按照改革的系统性、整体性和协同性的原则，预防和化解社会矛盾体制机制改革被纳入社会治理体制机制创新的大范围中，在改进矛盾治理的方式上，提出坚持系统治理和综合治理方式。

从矛盾化解主体上，系统治理强调党委、政府、社区等多元主体参与治理体制。从矛盾产生的不同环节进行协同治理，提出"加快形成

---

① 《胡锦涛文选》第3卷，人民出版社2016年版，第170页。

源头治理、动态治理、应急处置相结合的社会管理机制"。从矛盾治理方式上，党的十九大从群众诉求机制、矛盾化解机制和权益保障机制进行整体治理。"建立畅通有序的诉求表达、心理干预、矛盾调处、权益保障机制，使群众问题能反映、矛盾能化解、权益有保障。"[1]

为了实现矛盾预防和化解的系统性、整体性和协同性的体制机制创新，党的十七大提出"社会管理体制创新"，党的十八大进一步提出"社会治理体制创新"。

从社会矛盾治理理念、主体、方式等不同方面均实现了系统性创新。在社会矛盾治理改革上，提出注重顶层设计规划与基层实践探索相互衔接和协同创新机制。在全国探索出若干社会矛盾治理机制创新，例如，基层政府重大事项和决策社会稳定风险评估机制；基层网格化管理机制；社会"微治理"机制；大数据+社会矛盾化解机制；等等。

总之，改革开放40年中国在保持经济高速发展的同时，又保持社会相对稳定的局面，为发展中国家实现现代化提供了发展与社会稳定的双重经验。同时，中国在实现"两个一百年"奋斗目标中社会稳定面临诸多风险与挑战，需要以加强社会治理体制机制创新为主线，在实践中探索出更多的社会矛盾治理机制，使中国顺利跨越"中等收入陷阱"，为发展中国家提供社会稳定的中国智慧和中国方案。

---

[1] 《习近平总书记系列重要讲话读本》，人民出版社2014年版，第117页。

郑州市城市精细化治理的实践探索[*]

"精细化"的理念最早由日本企业在20世纪50年代提出，然后逐步推广到政府管理行为。精细化管理是通过规则的系统化和具体化，运用程序化、标准化和数据化的手段，使组织管理各单元精确、高效、协作和持续运行的管理方式。城市精细化管理是精细化管理的重要领域。城市精细化管理是指综合运用市场、法律、行政和社会自治等手段，通过城市管理目标量化、管理标准细化、职责分工明晰化等，形成以"精致、细致、深入、规范"为内涵的城市管理模式。

2015年10月郑州市实施城市精细化治理以来，精细化治理的总体目标是，通过三年努力，使郑州市的城市管理水平与繁荣现代、畅通有序、生态宜居的城市形态相适应，实现中部领先、全国一流的城市管理目标。经过近两年的实践探索，郑州市城市精细化治理在组织结构、治理方式、治理成效等方面取得了阶段性成果，但同时，在城市精细化治理深层次推进中，也存在一定问题。本文主要是梳理郑州市精细化治理取得的成绩，分析其存在的不足，提出完善的措施，使郑州市城市精细化治理向着良性、可持续发展上推进。

一 郑州市城市精细化治理的主要措施

（一）厘清郑州市城市精细化治理的职能和边界

确立郑州市城市精细化治理的范围和边界为街道公共领域。其城

---

[*] 原载《河南省社会治理发展报告》（2017）。

市精细化治理的职责包括：（1）"四乱"的治理。突出对车辆乱停乱放、占道经营及凸店经营、垃圾乱堆放、小广告乱贴乱发等"四乱"的治理。（2）城市道路维修和相关公共设施的整治。包括高速与接驳道路亮化、道路大中小修、六类车治理、四环内绿化、路灯建设、立面楼顶整治、停车场建设、架空线缆入地、非机动车停放、大气污染防治。（3）城市精细化管理的其他工作。如环境卫生、水暖提升、园林绿化提升、城市亮化、河渠整治、建筑拆迁待建工地管理、建筑垃圾管理、户外广告门头牌匾、交通综合治理、充电桩建设、道路及附属设施整治等。

（二）搭建了郑州市城市精细化治理的组织机构

郑州市城市精细化管理组织原则是"属地管理、分级负责"。按照这种行政职责划分，郑州市城市精细化治理的组织结构分为三级负责制，即郑州市精细化管理办公室、区（县）级城市精细化管理办公室和办事处（乡、镇）城市精细化管理办公室，市、区、街道三级城市精细化管理办公室，分属郑州市政府、区政府和街道办事处派出机构。郑州市三级城市精细化管理办公室，分别依托郑州市城市管理行政执法监察支队、郑州市区（县）城市管理行政执法中队和街道城市管理执法监察中队为精细化管理的实施主体。同时，设立郑州市数字城市管理监督中心，直属郑州市政府，负责对全市城市精细化管理的绩效考核。遇到城市精细化管理中的疑难问题，需要协同相关职能部门实施联动。

（三）建立了精准的数字化城市管理运行机制

依据国家、住建部标准以及《郑州市数字化城市管理实施办法》和《郑州市数字化城市管理信息采集、立案、处置与结案标准》等规章，实施数字化城市管理监督工作，通过数字城管系统"发现问题、受理立案、任务派遣、问题处置、现场核查、案件结案、考核评价"闭环的7个工作流程，初步形成了"一级监督、两级指挥、三级管理、四级网络"的数字化城市管理新模式，搭建了监督轴与指挥轴"相互独立、适度分离，高位监督、分级指挥"的数字化城市管理体系，建立了分工明确、责任到位、沟通快捷、运转高效的数字化城市管理新机制。

（四）构建城市精细化治理考评和奖惩机制

郑州市出台了《郑州市城市精细化管理督导考核方案》，郑州市精细办和各成员单位共同成立考核组，定期对全市74个重点街道办事处（乡、镇）城市精细化管理工作完成情况进行考核。考核成绩满分100分，其中，市数字化城市管理监督中心考核占50分；市精细办6个督察组占15分；市爱卫办抽查占10分；市城管监察支队占15分；"以克论净"抽查、务虚材料10分。考核成绩汇总至市精细办统一使用。

按照城市精细化管理考核成绩，对全市74个重点街道办事处（乡、镇）进行排名，成绩排在前十名的（乡、镇）进行表扬、奖励；对排在后十名的（乡、镇）进行处罚。处罚的方式主要有通报批评、黄牌警告、经济处罚、街道办事处党政一把手免职和所在区主管领导做检查等。

二 郑州市城市精细化治理取得的成效

（一）城市"四乱"问题大幅度下降

"四乱"问题数量大幅下降。机动车乱停放方面：整治前日均169209辆/次，2016年12月日均12829辆/次，环比下降92.41%；非机动车乱停放方面：整治前日均107194辆/次，2016年12月日均2269辆/次，环比下降97.88%；占道经营方面：整治前日均12795件/次，2016年12月日均795件/次，环比下降93.8%；市容环境方面：整治前日均3352件/次，2016年12月日均1113件/次，环比下降66.79%；乱发乱贴小广告方面：整治前日均3392件/次，2016年12月日均832件/次，环比下降75.47%。市容环境秩序得到了明显的改善，城市管理水平得到了全面提升。

（二）城市治理重点工作稳步推进

抓住重点领域工作不放松，对脏、乱、差的重点区域、街道和路段，进行重点治理。目前全市已经完成建设安装人非硬隔离设施的道路合计125条道路，179.11公里，有效地遏制了车辆乱停乱放和占道经营现象；加大六类车的整治力度，2016年以来，市区共查处机、电动三轮车、老年代步车17812起，四轮电瓶车141起，摩托车9795起，电动自行车187931起，教育电动自行车违法20286起，签订责任书17222份，拘留"机动三轮车、老年代步车、电瓶观光车、摩的"及其他驾驶人1253人次；全面完成了192栋楼体亮化整治提升工作。在环境污染治理方面，安装油烟净化装置退路进店烧烤摊1750个，取缔露天烧烤684处，餐饮服务场所家装油烟净化装置14572家，目前建成区露天烧烤问题已经基本解决。

（三）城市市容环境全面改善

推进生活垃圾管理专业化、一体化，实行市级处理，区级收运，办事处二次转运和管理，社区、物业公司负责收集，垃圾中转站和垃圾处理厂实行垃圾无偿接收，逐步实现生活垃圾全收集、全覆盖，生活垃圾无害化处理达到95%。实行"以克论净、深度保洁"的考核标准，变过去的定性考核为定量考核，对市内五区、四个管委会75个办事处所管辖区域每10天为一个周期进行考核、排名，实现了清扫保洁提档升级。全市机械化清扫率达到85%以上，道路浮尘平均每平方米20克以下。截至2016年5—6月达到25克/m^2，7—8月达到20克/m^2，9—10月达到15克/m^2，11—12月达到10克/m^2。

（四）市民满意度逐步提高

自城市精细化管理工作开展以来，城市精细化管理服务办公室进一步深化"诚心服务一座城"的城市管理理念，通过"城管微博"

"城市管理应急协调处置中心""市民看市政""立刻办服务热线"等,搭建了与市民群众交流服务的平台。截至2016年年底,中央、省、市媒体在城市精细化管理方面的正面报道1951篇,与2015年同期相比上升了237%,营造了关心、理解、支持、参与城市管理的良好氛围。在此期间,共接收城市管理各类信息5600余条,处理城市管理各类案件29.5万个,其他各项与城市管理有关的数据全部创下近年来的最低峰值,市民满意度大幅提升。

三 完善郑州城市精细化治理的对策

郑州市城市精细化治理作为社会治理新的探索和实践领域,在取得成绩的基础上,难免存在着一些不足和改进的地方。例如,管理体制上,郑州市城市精细化管理体制呈现条块分割状态;治理主体上,还存在政府单兵作战,其他主体参与度不高,导致郑州市城市精细化治理主体单一化;治理方式和手段上,还存在着严防死守的重管理轻服务的倾向。

(一)构建责权统一的城市精细化管理体制

首先,打破郑州市精细化管理体制呈现条块分割的管理体制,健全完善市、区、街道和社区"四级联动"机制。针对城市管理中的重点、难点问题,构建一个部门牵头、多个部门配合的"1+N"执法和管理联动平台,联合执法、公安、交警、工商、食药、卫生等部门,建立长效机制,明确责任分工,形成"压力层层传递、动力层层提升"的良好局面。坚持责权统一、属地管理、综合执法的原则,进一步明确城市精细化管理的范畴,做好放管服相结合的方针,进一步下放城市共治管理事权,权力和资源向基层街道办事处下放,调动办事处积极性,形成"决策以市为主,组织实施以区为主,日常检查以街道为主,市民动员以社区为主"的城市管理体制,实现城市管理问题发现在萌芽状态,解决在基层。

其次，健全完善各级精细化管理办公室与局（委）无缝对接的机制。发挥城市管理局牵头作用，相关部门积极配合，区、街道和职能部门之间加强信息沟通和工作衔接，形成条块结合、合理助推的工作格局。采取城管、市直、区直网格人员"三支队伍"下沉的工作方式，统筹调度相关部门和社会力量，解决了城管执法部门一家难以解决的疑难杂症。

（二）城市精细化治理多元主体共治

目前，郑州市城市精细化治理主体还存在政府单一的管理主体，社区、社会组织和公民参与度还较低，如果要提升郑州市城市精细化管理向深入推进，减少社会治理成本，发挥社区、社会组织和公民的参与度，形成多元共治的格局，还需要采取治理理念和措施的更新和提升。

首先，城市精细化治理理念的提升。城市精细化治理不仅是治理方式的提升，也是治理理念的变革。传统的城市治理理念是管理型理念，政府是单一的控管主体。而现代治理理念，是管理型到服务型理念的重大转变，也是治理主体单一化向多元化的拓展。政府从全能型向有限型转变，城市精细化治理的主体既包括政府还包括社区、社会组织和公民等不同主体，实施多元主体共治。

其次，要发挥政府在城市精细化治理中的主导地位。政府在城市精细化治理中扮演着管理者和服务者的双重角色和功能。政府的主导地位体现在政府在城市精细化治理中，提供治理规则、实施方案、惩处的措施。特别是在郑州市城市精细化治理的初期，面对长期存在的城市治理积重难返的多重弊端，政府治理措施以管理手段为主，随着阶段性成果的取得，需要从治标转向治本，政府在城市精细化治理中，更多采取经济、法律、行政等多重方式进行执法。

再次，要发挥社区在城市精细化治理中的基层协同角色。社区是城市治理的重要组成部分，目前，郑州市城市精细化治理主要依靠城市管理执法局或大队，社区参与度不够。有很多街道门面房、餐馆等，既属于社区管理，也属于城市精细化管理范围，可以借助社区的网格化管理，为城市精细化管理发现问题在萌芽状态提供网络化支撑，形成城市管理部门和社区的共治。

最后，要发挥社会组织参与郑州市城市精细化治理的作用。社会组织作为社会治理新型的主体，在城市精细化治理中发挥着不可替代的作用。社会组织中的志愿者团队、老年协会、文体志愿者等对属地街道较为熟悉，可以随时发现问题，反映问题，也可以借助其优势，通过劝阻等行为，进行城市柔性治理服务。

此外，公民自身参与也是城市精细化治理的基础。公民既是城市精细化治理的参与者，也可能是城市精细化治理的承担者。当前，郑州市城市精细化治理中民众还是被管理者的角色，其积极主动性没有发挥出来，特别是一些商铺、流动摊贩等更是消极对待，需要采取经济、教育等柔性措施，逐步改变其社会治理的被动角色，向积极参与城市精细化治理的角色蜕变。

（三）完善郑州市城市精细化治理的手段

针对郑州市城市精细化治理手段过于单一，侧重于强制性的管理方式，容易激起城管与商贩等主体的矛盾，需要完善城市精细化治理的手段，做到管理与服务并重，提升城市精细化治理的内涵。

首先，要完善服务型治理方式。当前，城市精细化管理中存在的若干问题，许多是公共服务不足引起的，例如，停车位不足的问题，导致机动车乱停乱放等。单一的管理方式并不能消除矛盾，需要针对公共服务不足的问题，扩建公共服务设施。例如，流动商贩问题，需要完善菜市场的布局，通过建立菜市场、集贸市场，引导商贩到菜市场，从根本上解决这类矛盾。

其次，要柔性与刚性执法结合起来。对于普通、偶然的商贩占道经营等问题，需要通过劝阻、协商等手段进行文明执法，避免小矛盾激化为大矛盾。对于那些屡教不改、暴力抗法者，需要通过执法程序，依法依规进行处理。

和谐社会的历史方位与现代化发展战略的统一[*]

现代化发展战略是统领中国社会发展的一个全局性问题,随着中国共产党对现代化发展历史经验的深刻总结和中国在现代化发展中所遇到的阶段性矛盾的不同,中国共产党十六届四中全会提出了构建社会主义和谐社会的新概念。这是中国共产党对社会发展内涵的一个新的深层次认识,它表明在全面建设小康社会乃至以后长期的发展战略中,和谐社会都将成为统领中国社会发展的一个重要内容,成为衡量中国社会发展水平的重要尺度之一。面对这一新的理论和实践问题,我们不仅要把握和谐社会的科学内涵和基本特征,更要结合中国社会发展所处的历史方位和基本国情,科学地把握构建和谐社会的基石和出发点,做到和谐社会与现代化发展战略的内在统一。

一 和谐社会与现代化发展战略目标的内在统一

现代化发展战略是实现社会主义初级阶段的基本路线和基本纲领规定的根本任务的重要保证,邓小平提出分"三步走"的发展战略以实现"中国式的现代化"。20世纪末,中国已提前实现前两步的战略目标,总体上达到了小康水平。党的十六大提出21世纪前二十年时间的根本任务是全面建设小康社会。我们要从全面建设小康社会的

---

[*] 原载《辽东学院学报》2009年第3期。

总体布局中把握和谐社会的建设，使和谐社会服务和服从于全面建设小康社会的战略目标，既要做到和谐社会是全面建设小康社会的重要内容之一，还要把和谐社会看作全面建设小康社会的途径和方式。

构建和谐社会还要从中国处于社会主义初级阶段的基本国情、从全面建设小康社会的历史特点来处理和谐社会构建的阶段性特征。如同历史上任何社会发展蓝图和模式的提出，构建和谐社会的提出需要一定的社会历史条件，在所有的社会历史条件中，经济基础是最重要因素。中国共产党在21世纪初期提出构建和谐社会绝不是偶然的，这是因为中国正处于由初步小康社会水平向全面建设小康社会转折的重大社会历史背景下，小康社会水平的基础为我国构建和谐社会提供了一定的经济基础，与此相对应的政治体制改革和文化发展，使和谐社会的构建具备了一定的社会人文条件。

首先，构建社会主义和谐社会要沿着现代化发展战略的动态轨迹运行。根据中国现代化中长期发展战略，在21世纪20年代和50年代分别达到中等发达国家的水平和全面实现现代化发展水平。和谐社会必须在中国逐步实现全面建设小康社会和达到中等发达国家水平的大背景下进行构建。回顾历史发展，我们会发现，历史上也曾出现过相对"和谐社会"。

这些"和谐社会"分为两类：一类是静态的和谐社会；另一类是动态的和谐社会。这些静态的和谐社会都处于封闭的环境中，而且又都更倾向于伦理和道德的和谐。一旦外部的封闭环境被打破，或者内部的脆弱平衡发生倾斜，这些静态的和谐社会将顷刻之间瓦解。中国的现代化建设是在经济全球化浪潮下进行的，同时由传统的农业社会向工业社会和信息社会转型，还伴随着我国特有的社会主义计划经济向市场经济过渡。特有的社会转型和国际环境的深刻变化使我国社会的主要矛盾和社会转型引起的其他矛盾交织在一起，使矛盾纷繁复杂和急剧变化。

我们构建的和谐社会是在旧矛盾不断解决、新矛盾不断涌现中进行的，不可能构建一个像20世纪50年代那样的"静态"的和"绝对"的和谐社会,而是不断在急剧发展变化中构建动态的和谐社会,逐步解决社会主要矛盾并将社会的突出矛盾调控到一定的范围内,实现社会的不和谐到社会的相对和谐,急剧变化的社会又很快带来新的矛盾,引起新的不和谐的因素,使社会相对和谐的状态被打破,需要党、政府和全体人民运用法律、行政和道德的手段调控好各种社会矛盾,使社会在新的更高的基础上达到更成熟的和谐,整个社会主义初级阶段和谐社会的构建将会在这种动态的轨迹上进行。

其次,和谐社会的构建由不同的内涵和阶段性特征组成。如前所述,此时提出构建和谐社会说明和谐社会的构建已具备一定的经济基础和社会人文条件。同时,我们必须看到由于经济和社会人文条件相对落后的制约,我们所构建的和谐社会的近期目标是与全面建设小康社会相适应的,是属于低层次的和谐社会。

在21世纪中叶,中国达到中等发达国家的水平,中国的经济实力将进一步增强,社会人文条件将进一步成熟,我们将构建更高阶段的和谐社会,这个和谐社会是与中国达到中等发达国家的发展水平相适应的。面对中国的国情,我们对和谐社会的构建有一个探索的过程,无论从主观条件还是从客观条件看,在中国构建和谐社会是一个复杂的理论探索和艰巨的实践过程。对此,我们必须反对两种倾向:一种是借口我国经济发展和社会人文条件的不足,将和谐社会构建的时间方位向后推迟;另一种是急于求成,或者是想在较短时间内构建和谐社会或者是将构成和谐社会的成熟程度超出小康社会的整体水平。

根据中国社会主义初级阶段的发展战略目标,中国的社会主义和谐社会的构建与战略步骤相适应也要分两步走。构建社会主义和谐社会的第一步是到中国共产党建党100周年实现全面小康社会时要调控好当今出现的突出矛盾,扭转政治和文化与经济发展严重脱节的被动局面,构建出社会主义和谐社会的初步框架,实现与小康社会水平相适应的低层次、不平衡基础上的和谐社会。构建社会主义和谐社会的第二步是到中华人民共和国成立100周年时,实现富强、民主、文明、和谐和美丽的发展目标,弱化和消除社会突出矛盾,使社会的各个因素更加和谐,构建出一个较为成熟的社会主义和谐社会。

二 解决不同层次的社会矛盾和构建社会主义和谐社会的内在联系

根据国外现代化发展战略的研究和中国目前社会发展的阶段,中国正处于人均GDP从1000美元到3000美元的发展时期。许多国家的发展历程表明,这一阶段往往既是一个国家经济社会发展的黄金时期,也是矛盾凸显期,如何顺利地度过这一临界点,形成良性运行的协调发展的社会是中国共产党必须解决的重大现实任务。社会主义和谐社会的构建就是在这样的大背景下提出的。

胡锦涛同志深刻阐述了社会主义和谐社会的内涵和基本特征,即民主法治、公平正义、诚信友爱、充满活力、安定有序、人与自然和谐相处。我们对照这六条内容就会发现符合这六条特征的社会是一个成熟的社会主义和谐社会。这些基本特征既是我们构建社会主义和谐社会的目标,也是现在我们寻找差距的参照系。通过这个参照系的对照,我们要直面构建社会主义和谐社会的差距,这些差距表现在社会中就是各种各样的矛盾。

由于中国处于农业社会向工业社会的转型,同时伴随着中国特有的计划经济体制向社会主义市场经济体制过渡,使得"我国社会经济成分、组织形式、就业方式、利益关系和分配方式日益多样化"[①]。根据和谐社会的内涵和基本特征,以及当前中国现代化建设面临的实际情况,应从解决以下突出矛盾来促进和谐社会的构建。

(一)构建社会主义和谐社会必须解决当前突出的矛盾和问题

尽管当前中国面临的矛盾复杂化、多样化,但引起诸多矛盾的根

[①] 江泽民:《论"三个代表"》,中央文献出版社2001年版,第172页。

源仍然是落后的社会生产和人民群众日益增长的物质文化需求。我们不能为纷繁复杂矛盾的假象所迷惑，任何时候都要坚持以发展生产力，以经济建设为中心来统领全局矛盾的解决。另外，要根据当今社会矛盾发生的新变化，要看到我们当前突出矛盾的具体化。

1. 更加注重公平问题的解决，逐步调控经济层面的突出矛盾

这是当今世界都面临如何更好解决的两大难题，对处于从温饱社会向小康社会迈进的中国，更有直接的现实意义。目前，中国收入分配的差距已经过大，基尼系数已攀升至 0.45 左右，超过了国际公认的警戒线。不解决收入分配差距过分悬殊的问题，即使社会财富总量迅速增长，社会矛盾也会越积越多。这就要求逐步缩小社会收入差距，扩大中等收入群体，充分关注低收入群体，缩小城乡差距、地区差距和社会阶层差距，实现收入分配的相对公平，妥善协调社会各方面利益关系，努力实现共同富裕。

2. 在保持经济平稳、快速、可持续发展的同时，促进政治、文化与经济的协调发展

这就是经济关系、政治关系和思想关系之间的和谐，生产关系适应生产力，政治观念和意识形态适应经济基础的发展要求，表现在实践方面，也就是通常强调的全社会的经济、政治和文化的共同进步。一方面是经济发展的同时，我们对社会发展的认识逐渐深化，形成了科学的发展观；另一方面是经济发展的同时，政治、文化相对滞后对经济发展产生了制约，对社会的和谐提出了挑战。

我们要借鉴发展中国家在现代化进程中出现的一些现象：在 GDP 发展水平大致相同的国家，有的国家整体社会和谐发展，人民安居乐业；有的国家却动荡不断，甚至出现整体发展水平的中断、逆转。可见，社会的和谐程度并不仅仅取决于经济发展的水平，还取决于政治文明程度与文化水平的发展。根据中国改革开放以来长期存在的"一手硬一手软"的情况，政治体制改革和文化发展的滞后使我国政治上的不安定因素和思想领域的冲突日益成为改革开放中的一个新的焦点问题。如何采取行之有效的措施，加快政治体制改革，建设法治社会

并提高全民族的思想道德和科学文化水平是构建和谐社会的一个深层次的全局性问题。

（二）完善社会管理体制和调控各种矛盾的机制，维护社会的安定团结

1. 大力扶持各种社会组织，加快推进社会组织发展成熟

社会组织化程度的高低，是市场经济和社会成熟程度的一个重要标志。非政府、非营利性社会组织（即政府与市场之外的第三部门）的出现，是中国社会转型期的一个重要变化。过去，在社会管理方面，我们重视发挥党和政府的作用，忽视社会组织的作用。在市场经济中，许多复杂的利益冲突譬如劳资冲突，可以通过社会组织之间的谈判、协商、妥协来解决，社会组织成了政府和民众之间的缓冲器，由于目前我们还缺少这个缓冲器，不同社会阶层和群众的矛盾，往往很快转变成党和政府同民众之间的矛盾。我们要改变对社会组织重监督、轻建设的思路，使它们在反映各阶层利益诉求，规范各阶层行为方式，解决各阶层利益冲突方面起到重要作用。

2. 建立健全以社会组织为载体的社会协商机制

各种利益群体和社会成员之间的协商对话，是社会减少、缓解乃至解决利益冲突的重要途径，也是进一步疏通各阶层利益表达的渠道。目前，中国社会各阶层之间以及社会各阶层同政府之间就利益问题的对话、协商存在着渠道不畅通的问题。应该把社会协商对话的范围扩大到更多的领域中，通过协商对话，把利益矛盾和冲突消灭在萌芽状态，既有利于各种社会利益诉求的实现，也有利于各种社会利益的相对平衡和社会的稳定。

（三）构建人与自然和谐的社会要做到人与自然的和谐相处

构建社会主义和谐社会，不仅要正确处理人与人的关系，而且要正确处理人与自然的关系。把构建人与自然和谐相处的社会作为构建和谐社会的基本内容，表明中国共产党对社会发展全局和社会发展突

出矛盾的认识。

实现人与自然和谐相处，必须树立科学发展观。要坚决摒弃那种只顾眼前、不顾长远，先污染后治理、先破坏后恢复的传统发展观，决不能片面追求发展速度和规模，而对资源采取过度的甚至是掠夺性的开采和使用。要树立正确的政绩观，推行"绿色 GDP"制度，把生态环境的保护和建设摆上与经济、社会发展同等重要的位置。

实现人与自然和谐相处，必须大力发展循环经济，走新型工业化道路。要切实转变高投入、高消耗、高污染、低效率的经济增长方式，努力走科技含量高、经济效益好、资源消耗低、环境污染少、人力资源优势得到充分发挥的新型工业化路子，实现经济效益、社会效益和生态效益的统一。

三 从全面建设小康社会的历史方位来把握和谐社会的构建

无论是东方还是西方社会，人们一直把实现社会的有序、安定、和谐作为美好的追求。中国古代社会和现在的西方资本主义国家都曾提出过这一概念或相似的概念，都曾进行过构建和谐社会或类似这样的实践。中国古代社会从孔子的"和而不同"到墨子的"兼相爱"都表达了社会和谐的主张。西方社会在探索社会发展道路上也不是没有追求过社会和谐，在西方思想史上，从古希腊哲学家柏拉图的"理想国"到现代著名社会学家如 T. 帕森斯等，先后提出了社会均衡论、谐和社会论和社会系统论。

科学社会主义理论创立者马克思、恩格斯在他们的代表作《共产党宣言》中，指出未来的社会的蓝图："代替那存在着阶级和阶级对立的资产阶级旧社会的，将是这样一个联合体，在那里，每个人的自由发展是一切人的自由发展的条件。"[①] 马克思、恩格斯为人类未来

[①] 《马克思恩格斯文集》第 2 卷，人民出版社 2009 年版，第 53 页。

社会勾画出一个成熟的和谐社会。

实现和谐社会是包括马克思主义政党在内的人类社会孜孜以求的一个社会理想。可见，追求并构建和谐社会是人类从古至今的追求，尽管不同的方案打上了时代的特征和阶级的烙印，但无论何种方案都把追求社会各个因素和谐作为自己的终极目标。回顾和谐社会的历史脉络我们知道：追求并构建和谐社会符合人类社会和时代发展的潮流，也符合人类社会的发展规律，因此把它纳入社会主义发展范畴之内，是社会主义发展规律的题中应有之义，也是中国共产党深化对三大规律认识的结果。

另外，我们也必须看到和谐社会并不是一个抽象的概念，在不同的时代应有不同的内涵。儒家提出的"和谐社会"，其实质是建立在小农经济之上耕织结合、自给自足的社会蓝图，资产阶级的学者和政治家提出了建立在大工业基础上和资本主义雇佣制度之上的"和谐社会"。和谐社会的构建不仅受提出者认知水平的限制，更囿于本时代政治、文化特别是经济发展水平的制约。

许多人在谈到和谐社会的构建时，仅是从理念出发而忽略了我们所处的历史方位和现实基础。我们只有将和谐社会置于此上，才能对和谐社会进一步探讨置于一个现实基石之上，这样我们构建和谐社会的理论和它指导下的未来社会不至于超前或落后于本时代的历史方位和社会发展水平。构建社会主义和谐社会的历史方位就是中国共产党早已明确的社会主义初级阶段和小康社会，这是我们认识和构建和谐社会的一个根本出发点。我们必须认识到社会主义和谐社会的构建要比现代化发展战略的中长期目标更艰巨，走的路会更长。

人民内部矛盾理论区分矛盾性质标准的深化探索[*]

矛盾是一个内涵与外延非常复杂的集合体，矛盾认识视角的层次也是多元化的。总的来说，人们认识矛盾层次大多是从矛盾的外部特征进行区分的，例如，矛盾类型分类、矛盾表达方式、矛盾的能量、矛盾主体等不同视角。马克思主义经典作家认识矛盾方法和内容是较为独特的，主要表现在认识矛盾是以哲学的对立统一规律为方法论，"可以把辩证法简要规定为关于对立面的统一的学说。这样就会抓住辩证法的核心，可是这需要说明和发挥"[①]。认识矛盾的层次首先是从矛盾的性质作为根本，在此基础上逐步扩展到对矛盾特征方面的认识。"科学研究的区分，就是根据科学研究对象所具有的特殊的矛盾性。"[②]"这种特殊的矛盾，就构成一事物区别于他事物的特殊的本质。这就是世界上诸种事物所以千差万别的内在的原因。"[③] 关于矛盾性质分析方法集中体现在毛泽东创立的人民内部矛盾理论。

《关于正确处理人民内部矛盾的问题》的文献，创造性地把社会主义社会纷繁复杂的矛盾划分为两类不同性质的矛盾，提出了处理两类不同性质矛盾的方法，根据矛盾性质进行分类是正确分析和处理人民内部矛盾的基础和主线。改革开放后重新确立正确处理人民内部矛

---

[*] 原载《马克思主义理论创新与中国道路》，重庆出版社2014年版。
[①]《列宁全集》第55卷，人民出版社1990年版，第192页。
[②]《毛泽东选集》第1卷，人民出版社1991年版，第309页。
[③]《毛泽东选集》第1卷，人民出版社1991年版，第309页。

盾是国家政治生活的主题,现实生活中正确分析社会矛盾性质问题似乎已经解决,然而随着新时期人民内部矛盾出现新趋势和新特点,特别是群体性事件凸显了人民内部矛盾尖锐化和对抗性的因素,在分析此类社会矛盾中又出现了混淆两类不同性质矛盾的现象,在处理此类矛盾中也出现了动用专政手段的倾向。

具有代表性的是2008年云南孟连事件中,由于孟连县委、县政府对当地胶农和胶农公司之间的经济利益纠纷误判为农村黑恶势力向政府挑战,把非对抗性矛盾误判为对抗性矛盾,混淆了两类不同性质的社会矛盾,致使本来通过利益协商化解矛盾改变为专政手段,最终引起震惊全国的群体性事件。这是现阶段较为典型的把非对抗性矛盾误判为对抗性矛盾,混淆两类不同性质的矛盾,导致人民内部非对抗性矛盾发生对抗的典型案例。

之所以出现这种新时期混淆不同性质社会矛盾的现象主要有两个原因:一是部分政府在"稳定压倒一切"的压力型体制下,把维权与维稳对立起来,把影响社会稳定的事件和因素压制到最低点。在面对群体性事件时,不注重从事件发生的根源来化解其产生的原因,而是出现泛政治化倾向,通过泛政治化判断为使用国家机器来处置群体性事件提供借口,通过政治化的打压手段使社会矛盾迅速消解。二是群体性事件,特别是"无直接利益冲突"群体性事件通过体制外的方式,并伴随着打、砸、抢、烧等暴力冲突形式,矛盾的对抗性因素增强,对抗性因素与非对抗性矛盾交叉在一起,矛盾外在对抗性形式的凸显,各种矛盾交织在一起,给各级政府正确分析事件的性质带来了挑战。

一 人民内部矛盾理论区分矛盾性质标准的整体性

正确分析不同性质的矛盾,是正确处理人民内部矛盾的前提,而如何准确、全面运用人民内部矛盾理论中区分不同性质矛盾的标准,是正确分析不同性质矛盾的基础,是科学处理社会主义纷繁复杂矛盾的关键。在如何区分不同性质矛盾的问题上,常常存在着简单运用"对抗性与非对抗性矛盾"标准二分法的倾向,即把对抗性矛盾与非对抗性矛盾等同于敌我矛盾和人民内部矛盾,这种把人民内部矛盾理论区分不同性质矛盾标准简单化的方式,容易误判现实生活中纷繁复杂的社会矛盾。人民内部矛盾理论在三个层次上,从区分不同矛盾性质的前提、区分不同矛盾性质的主要标准和矛盾存在的条件,共同构成了人民内部矛盾理论区分不同矛盾性质标准的有机整体性。

第一个层次是区分不同矛盾性质的前提。这个前提就是首先要甄别人民和敌人两个基本的范畴,"为了正确地认识敌我之间和人民内部这两类不同的矛盾,应该首先弄清楚什么是人民,什么是敌人"①。《关于正确处理人民内部矛盾的问题》文献中,提出了在各个国家的不同历史时期,人民和敌人的范畴有着不同的内涵和外延,并详细分析了中国革命和社会主义建设时期人民和敌人范畴的变化。区分不同矛盾性质的前提主要是分析不同矛盾参与主体的性质,这种参与主体范畴区分带有一定的政治色彩。除此之外,矛盾参与主体范畴区分还具有范畴划分的动态性;主要划分标准的根据是社会主要矛盾的变化;人民和敌人范畴的外延是不同阶级和阶层的复杂集合体。

第二个层次是区分不同矛盾性质的依据和主要标准。马克思主义经典作家从列宁到毛泽东都注重把哲学的唯物辩证法作为认识和分析社会矛盾性质的方法论。毛泽东在《矛盾论》和《关于正确处理人民内部矛盾的问题》文献中,都把辩证法中的对立统一规律作为区分不同矛盾性质的方法论,"对立统一规律是宇宙的根本规律。这个规律,不论在自然界、人类社会和人们的思想中,都是普遍存在的。矛盾着的对立面又统一,又斗争,由此推动事物的运动和变化"②。依据矛盾对立统一规律作为方法论,毛泽东创造性提出社会主义社会也

---

① 《毛泽东文集》第7卷,人民出版社1999年版,第205页。
② 《毛泽东文集》第7卷,人民出版社1999年版,第213页。

存在着矛盾，并把矛盾的不同性质作为区分矛盾的主要依据，"社会总是充满着矛盾。即使社会主义和共产主义社会也是如此，不过矛盾的性质和阶级社会有所不同罢了"①。

毛泽东把矛盾性质作为区分不同社会矛盾依据的基础上，进一步提出了对抗性与非对抗性矛盾是区分社会主义不同矛盾性质的主要标准。"这是性质完全不同的两类矛盾。敌我之间的矛盾是对抗性的矛盾。人民内部的矛盾，在劳动人民之间来说，是非对抗性的。"② 对抗性与非对抗性矛盾是人民内部矛盾理论区分不同矛盾性质的主要标准，是分析和衡量不同矛盾性质的判断依据。

第三个层次是区分不同矛盾性质的条件。不同矛盾性质是以矛盾存在的条件而发挥作用，当矛盾存在的条件发生变化时，矛盾性质就可能发生转变。"工人阶级和民族资产阶级之间存在着剥削和被剥削的矛盾，这本来是对抗性的矛盾。但在我国的具体条件下，这两个阶级的对抗性的矛盾如果处理得当，可以转变为非对抗性矛盾，可以用和平的方法解决这个矛盾。"③ 工人阶级和民族资产阶级的剥削与被剥削的矛盾是对抗性矛盾，从性质上归属于敌我矛盾，但在中国特殊的国情下，民族资产阶级的两面性和我国社会主义改造时期的赎买政策等特殊条件，矛盾的属性发生着改变，变为非对抗矛盾，导致其性质转化为人民内部矛盾。同样在其他社会主义国家工人阶级和民族资产阶级不具备中国特殊的国情，民族资产阶级和工人阶级之间的矛盾并不会转变为非对抗性矛盾。因此，我们在区分两类不同性质矛盾时，要注重分析矛盾属性存在条件的变化，矛盾存在条件的变化可能导致矛盾性质的变化，"事物内部矛盾着的两方面，因为一定的条件而各向着和自己相反的方面转化了去，向着它的对立方面所处的地位转化了去"④。

---

① 《毛泽东文集》第7卷，人民出版社1999年版，第164页。
② 《毛泽东文集》第7卷，人民出版社1999年版，第205页。
③ 《毛泽东文集》第7卷，人民出版社1999年版，第206页。
④ 《毛泽东选集》第1卷，人民出版社1991年版，第328页。

人民内部矛盾理论从区分不同矛盾性质的前提、主要标准及矛盾存在的条件，共同构成区分不同矛盾性质标准的有机整体性。我们既要注重区分不同矛盾性质的主要标准，又要把握区分不同矛盾性质的前提和矛盾存在的条件，辩证地运用区分不同矛盾性质标准的整体性，避免区分不同矛盾性质标准的简单化，才能避免在纷繁复杂的社会矛盾中混淆不同性质的社会矛盾。

二 人民内部矛盾理论区分矛盾性质标准的复杂性

矛盾性质判断标准的抽象性增加了区分矛盾性质的模糊性。毛泽东在人民内部矛盾理论中提出了对抗性与非对抗性矛盾是区分两类不同性质矛盾的标准。在此基础上，毛泽东对非对抗性矛盾内涵做了进一步的解释，"一般说来，人民内部的矛盾，是在人民利益根本一致的基础上的矛盾"[①]。因此，对抗性与非对抗性矛盾的区分内涵表现为利益主体的根本利益一致性或者对立性。这种区分矛盾性质标准主要是从哲学视角进行宏观判断。

对抗性与非对抗性矛盾判断标准的哲学范畴，导致区分不同矛盾性质标准的内涵和外延有较大的伸缩余地，矛盾判断标准的抽象性导致对某个特定矛盾性质的判断就会出现不同的结果，某个矛盾的表现形式和特征的变化，诸如矛盾的表达方式变化、矛盾强度的增加等，就可能被认定为矛盾性质的变化。1957年后出现把大量的人民内部矛盾误判为敌我矛盾，就与人民内部矛盾理论中矛盾判断标准的抽象性有一定的关系。

首先，区分矛盾性质标准"三位一体"整体性增加了矛盾性质判断的综合性。区分矛盾性质标准"三位一体"整体性，需要我们从矛盾主体范畴、矛盾性质判断主要标准和矛盾存在条件进行综合性判

[①] 《毛泽东文集》第7卷，人民出版社1999年版，第206页。

断,由于对抗性与非对抗性矛盾是区分不同矛盾性质的主要标准和主线,通常情况下,人们会把矛盾判断标准"三位一体"整体性简化为"对抗性与非对抗性矛盾"的单一标准,忽视矛盾性质判断标准的其他两个条件对矛盾性质判断的制约。这两个条件对对抗性与非对抗性矛盾标准产生一定的影响,使对抗性矛盾与非对抗性矛盾不能简单等同于人民内部矛盾和敌我矛盾。中共党史上曾经出现过,敌我矛盾作为人民内部矛盾处理。这就是对抗性矛盾受到矛盾主体和矛盾条件制约,转化为人民内部矛盾性质。

其次,矛盾表现形式的多样性增加区分矛盾性质的分辨难度。矛盾的性质是从矛盾的属性进行分类的,矛盾的形式是指矛盾所处的具体条件决定矛盾的外在冲突的方式。同矛盾的内在属性相比较,矛盾的外在表现形式会更加多样化和复杂化,现实中不同性质矛盾或者同一性质矛盾都会通过不同的形式表现出来,"矛盾的斗争性是一个最广泛的哲学范畴,它在内容上有着最大的普遍性和概括性,在形式上有着无限多样性"[①]。

毛泽东曾经对矛盾性质和矛盾形式之间的辩证关系作出精彩的论述,"剥削阶级和被剥削阶级之间的矛盾,无论在奴隶社会也好,封建社会也好,资本主义社会也好,互相矛盾着的两阶级,长期并存于一个社会中,他们相互斗争着,但要待两阶级的矛盾发展到了一定的阶段的时候,双方才采取外部对抗的形式,发展为革命"[②]。被剥削阶级和剥削阶级之间的对抗性矛盾,其表现形式是多样的,既可以表现为剧烈对抗性冲突的形式,也可表现为非对抗性冲突形式。同样,人民内部矛盾从性质上是非对抗性矛盾,但它的外在表现并不都是单一的非对抗形式,也会呈现纷繁复杂的矛盾表现形式。而现实中社会矛盾更多通过矛盾外在表现形式的复杂性体现出来,普通社会矛盾中少数黑恶势力同大多数普通群众混合在一起,暴力冲突的对抗形式和

---

① 李秀林等主编:《辩证唯物主义与历史唯物主义原理》,中国人民大学出版社1990年版,第153页。

② 《毛泽东选集》第1卷,人民出版社1991年版,第334页。

非对抗性矛盾交织在一起,少量的违法犯罪行为和多数的观望行为并存。在面对复杂社会矛盾时,人们通常会把矛盾外在表现的对抗性形式作为矛盾的性质,混淆矛盾的性质与矛盾的外在表现形式,把矛盾外在对抗形式作为对抗性矛盾来认识。

区分矛盾性质复杂性反映出社会主义社会现实中矛盾的多样性。区分矛盾性质标准抽象性导致矛盾性质判断的伸缩性;区分矛盾标准整体性与矛盾判断标准简单化倾向;矛盾外在表现形式多样性与矛盾内在属性的隐藏性,均容易导致对不同矛盾性质判断的失误。社会主义建设道路时期导致的阶级斗争扩大化,把人民内部矛盾混淆为敌我矛盾,与社会矛盾性质判断标准的复杂性有一定的关联度。

三 区分矛盾性质标准的深化探索:从哲学方法论转向政治学领域

毛泽东在《关于正确处理人民内部矛盾的问题》文献中,对区分矛盾性质标准的内涵做了进一步的解释,"一般说来,人民内部的矛盾,是在人民利益根本一致的基础上的矛盾"[①]。因此,对抗性与非对抗性矛盾的主要区分表现为利益主体的根本利益一致或者对立性。随着1957年后中国共产党指导思想上"左"的思想和实践逐步扩大,毛泽东终止了对人民内部矛盾理论的深化探索,对非对抗性与对抗性矛盾的内涵解释,停留在哲学的宏观认识阶段。要丰富和完善毛泽东人民内部矛盾理论,就需要进一步对对抗性与非对抗性矛盾从哲学方法论向政治学领域延伸。

利益主体根本利益的一致或者对立,虽然对"对抗性与非对抗性矛盾"内涵解释做了进一步的延伸,但其解释的视角和内容还局限于哲学领域,其内涵的抽象性显而易见。根本利益也是一个非常抽象的概念,本文认为,根本利益首先在一定利益主体范围内表现为"共同

---

① 《毛泽东文集》第7卷,人民出版社1999年版,第206页。

利益","对于特定的利益关系和处于该利益关系中的利益主体而言，特殊利益常常表现为非根本利益，相形之下，共同利益对于该利益关系和利益主体来说具有更加重要、更加根本的意义"①。共同利益对一个利益主体来说，根据其功能有着不同层次的"共同利益"，根本利益就是在一定利益主体范围内，就是对利益主体生存和发展起着支配性和决定性的"共同利益"。

"根本利益"通常隐藏在事物的内部，它需要通过"共同利益"外部形式表现出来，我们可以通过"共同利益"外部表现形式来观察和认识"根本利益"的内部属性，根本利益的一致与对立性主要通过四个要素表现出来，即共同经济利益、共同的政治利益、利益是否可调和性和矛盾对抗形式。由于社会经济关系在利益关系中起着决定性和基础性作用，共同经济利益在根本利益中起着决定性和基础性的作用，而共同政治利益是共同经济利益在政治领域的延伸。根本利益对立性更多通过政治利益矛盾表现出来，根本利益可调和性是指"组成矛盾的利益双方均不以根本否定对方或者完全排斥对方作为印证和实现自己利益的必要条件"②，矛盾表现形式是不同利益主体对立的外在表现形式。因此，对抗性矛盾与非对抗性矛盾区分标准主要通过是否存在共同经济利益基础、利益矛盾内容的政治性、矛盾的解决方式可调和性和矛盾的强度四个方面进行判断。所以，只有具备这四个完整要素的社会矛盾才是对抗性矛盾。

首先，对抗性矛盾和非对抗性矛盾的共同经济利益基础不同。不同利益主体矛盾的对抗性和非对抗性首先体现为经济利益的一致或者对立，经济利益的根源来源于生产关系中生产资料所有制的占有形式。"必须到生产关系中间去探求社会现象的根源，必须把这些现象归结为一定阶级的利益。"③马克思主义经典作家剖析资本主义社会无产阶级和资产阶级对抗不可调和性的原因，就是从生产资料所有制

---

① 王浦劬等：《政治学基础》，北京大学出版社2006年版，第60页。
② 王伟光：《利益论》，人民出版社2004年版，第98页。
③ 《列宁全集》第1卷，人民出版社1984年版，第464页。

形式的对立作为其对抗性的根源与根本内容,"影响横向利益矛盾存在状态的因素是复杂多样的,在这其中,起决定性作用的是生产资料不同占有者之间的关系"①。

其次,对抗性矛盾与非对抗性矛盾表现的内容不同。以生产资料所有制为基础的经济利益矛盾在现实中往往通过政治利益矛盾表现出来,马克思主义经典作家认为政治是经济的集体体现,"政治关系的建立和实际运行,在其本质、内容、形态和方式等方面,根本上是由经济关系决定的;政治关系以围绕特定权力活动的集中方式,体现和反映着经济关系的根本要求,并且对于经济关系起着反作用"②。现实中经济利益对抗性矛盾往往通过政治利益矛盾表现出来,而政治利益矛盾以国家政权问题为核心,对抗性矛盾表现为围绕政治权力展开的政治利益对抗。相反,非对抗性矛盾不会上升到政治权力展开斗争,而是围绕着经济利益分配关系展开。

然后,对抗性与非对抗性矛盾解决方式不同。对抗性矛盾具有利益主体之间矛盾的不可调和性,只有通过推翻现存制度才能解决社会矛盾;非对抗性矛盾是在制度内可以协商解决的利益矛盾,"对抗性矛盾与非对抗性矛盾区分的标准,在于构成矛盾关系的利益主体之间的矛盾是否具有可协调性,显然,不具有可协调性的矛盾是对抗性矛盾,反之亦然"③。

最后,非对抗性与对抗性矛盾的强度不同。非对抗性矛盾是体制内的非暴力冲突,往往通过法律诉讼等体制内的方式进行解决,对抗性矛盾是体制外的暴力冲突,主要表现为通过体制外的非法手段,并伴随着推翻国家机器的暴力行为,"资本主义社会的矛盾表现为剧烈的对抗和冲突,表现为剧烈的阶级斗争,那种矛盾不可能由资本主义制度本身来解决,而只有社会主义革命才能够解决"④。

---

① 王浦劬等:《政治学基础》,北京大学出版社2006年版,第59页。
② 王浦劬等:《政治学基础》,北京大学出版社2006年版,第7页。
③ 王浦劬等:《政治学基础》,北京大学出版社2006年版,第59页。
④ 《毛泽东文集》第7卷,人民出版社1999年版,第213页。

在不同社会形态中，对抗性矛盾与非对抗性矛盾的内涵也存在着一定的差别。在阶级社会，剥削阶级与被剥削阶级之间的根本利益对立的内涵，集中体现在矛盾主体生产资料所有制占有形式的对立、政治利益矛盾为主要斗争内容、矛盾的对抗强度和矛盾的不可调和性四个方面表现出来。社会主义初级阶段消灭了生产资料私有制，实行生产资料公有制为基础的多种所有制经济共同发展的基本经济制度，对抗性矛盾的经济基础已经不复存在。在现阶段中国社会的对抗性和非对抗性矛盾主要表现为矛盾的内容是否具有政治性、矛盾的强度是否具有暴力行为、矛盾是否具有可协调性三个特征，只有具备三个完整特征的矛盾才具有社会主义初级阶段对抗性矛盾的性质。

现代化进程中执政合法性资源整合的变迁[*]

一 中国共产党执政合法性资源的历史逻辑

中国近代以来所要解决的根本问题就是中华民族在现代文明基础上的伟大复兴。现代化的经验研究表明,后发展国家的现代化进程是在"先进—落后"的二元国际环境中展开的,必须在一个强大政治权威的领导下,综合使用国力,有计划地积极追赶先进发达国家,以求在短期内有效地缩短与发达国家之间的发展差距。一个能有效整合超大社会的政治体系,对中国现代化的启动并稳定地运行具有至关重要的作用。"新权威主义"理论的重要人物塞缪尔·亨廷顿认为:"经济增长要求文化的现代化,文化的现代化要求有效的政治权威。"[①]他把一个有效的中央政治权威作为现代化的决定性前提,而有效的政治权威与政治合法性密不可分。

执政合法性是指政治权力得到人民的广泛认同、信仰、忠诚和服从,它是一个政权存在、持续、稳定和发展的前提与基础。执政的合法性主要源于执政党主张的意识形态及其说服力、经济增长和执政绩效、政治民主化程度、社会公正的实现程度等。政治合法性的获得是

---

[*] 原载《求实》2006年第2期。
[①] [美]塞缪尔·亨廷顿:《变革社会中的政治秩序》,王冠华译,华夏出版社1988年版,第320页。

一个动态的发展变化过程,任何政治合法性都不是稳定不变的。从动态的系统观出发,权威性资源的增减是经常变化的。权威性资源的流失超过其合理的水平,就会导致政治合法性危机,合法性危机就是一种直接的认同危机,当一个政治系统开始丧失其权威性资源时,其合法性危机就不可避免地开始了。合法性危机是变革带来的危机,所以,发展中国家在现代化进程中普遍存在着合法性危机。主要原因就在于:在社会转型中,现代性因素对传统合法性的资源和基础形成挑战,这是危机的根本原因;利益分化和利益的重新整合使社会各阶层对统治者的改革政策产生不同的态度,在改革中利益受损的阶层以消极的方式消解其政治合法性;制度建设滞后使得政治权力运行失范产生政治腐败,从而危及政治合法性。

政治合法性的巩固和合法性资源的获得密不可分。合法性资源的获得是政党巩固合法性的主要路径,历史和现实都表明:一个政党如果不能有效地追加新的合法性资源,就不可避免地产生合法性危机,进而失去政治合法性基础。1949年中国共产党取得了执政地位,并得到了人民群众的认同,获得了广泛而深厚的政治合法性,赢得了现代化的主导权。然而,中国共产党的合法性基础并不是一劳永逸的,随着其执政能力和外部因素的变化,获得了一些新的合法性资源,但同时也伴随着合法性资源的流失。

在这种政治合法性资源的获得与流失的交替过程中,中国共产党不可避免地面对执政合法性的风险和挑战。要巩固政治合法性基础,就必须寻找新的政治合法性资源,运用科学的理念获得和利用合法性资源,是对中国共产党执政能力和执政水平的考验。中国共产党面对自身的深刻变化和国内、国际环境的挑战,提出了党的建设新的伟大工程,认真总结共产党执政和建设的规律,进而提出了"三个代表"重要思想的新理念。它表明中国共产党在寻求合法性资源,巩固政治合法性方面发生了一个转折性变化,表明中国共产党开始扬弃巩固政治合法性基础的旧模式,用一种新的理念来巩固党的政治合法性基础。这种新的理念表现之一就是寻求政治合法性资源的取向和追加合法性资源的构成顺序发生了重大变化。

二 中国共产党执政合法性资源的理论逻辑

"党的执政地位不是与生俱来的,也不是一劳永逸的。"①《中共中央关于加强党的执政能力建设的决定》中的这句话,涉及一个政党执政地位的获取、维护和巩固问题,体现着政党与公共权力相互结合的内在规律,反映了中国共产党对执政规律认识的深化。寻求合法性资源的理念和模式不仅体现了中国共产党对执政规律认识的程度,更会在实践中巩固或削弱执政合法性基础。需要说明的是任何一个政党不会存在单独诉求一种合法性资源,都是诉求多种合法性资源的集合体。只不过诉求合法性资源的重点有很大差异,这种差异就反映了不同政党的执政理念和模式。

"合法性资源"是一个涉及多学科的、复杂的综合概念,它是随着对合法性概念研究的深入拓展而出现的,合法性资源是合法性基础延伸的结果。尽管西方政治学的代表人物并没有对政治合法性资源做过专门的论述,但他们的学说中也涉及和探讨过政治合法性资源的内容。西方学者间接涉及合法性资源,是从论述政治合法性基础开始的,政治合法性基础是指国家取得合法性的依据,其实质也就是搞清楚统治者靠什么获得公众的自愿服从,公众服从的心理动机是什么。在这里统治者靠什么获得公众的自愿服从就是指获得那些政治合法性资源。在中世纪,人们把合法性的基础与自然法中的"同意"结合起来,大众同意(公民共同意志),成为合法性的根本基础。在近代,卢梭第一次提出"社会公意"是政治合法性的基础。

马克斯·韦伯对不同政体的合法性基础做了细致的分类。他认为传统型权威的合法性基础取决于统治者的世袭地位和制定、执行法律时遵循的习俗;个人魅力型权威的合法性基础依靠个人的英雄气概和

---

① 《保持共产党员先进性教育读本》,党建读物出版社2004年版,第56页。

领袖气质的超凡感召力；法理型权威的合法性基础依靠由理性制定的规则建立起来的"权限"。韦伯对不同政体合法性基础的论述已直接涉及对合法性资源内容的分类。但这种分类的缺陷是对不同政体依赖合法性资源的差异之比较，没有说明不同政体所依赖的合法性资源的共性。

戴维·伊斯顿在《政治生活的系统分析》一书中对合法性的基础进行了更为具体的探讨，他把合法性的基础和来源分为三个方面：意识形态来源、结构来源和个人基础。所以，每一个政治系统都想方设法通过宣传自己的意识形态来加强其合法性纽带。结构就是一定的政治制度和规范，借助于结构，每一个政治系统当局发挥作用就有了角色依据，同时也为控制政治权利的使用提供了标准。合法性的个人基础指的是凭借执政者的个人品质而赢得系统成员的信任和忠诚。上述三种合法性资源相互影响和作用，共同为政治合法性基础的巩固提供了来源和条件。

综合这些和西方其他政治学者的论述，我们可以看出合法性资源内容包括三个方面：（1）意识形态的资源。人们对政治权力的认同、信仰和价值判断，这是合法性资源的最深层次因素，它是巩固执政合法性的核心因素，是人们从心理和信仰对政权的价值认同，它是对政治和经济层面认同的提升。所以，历代统治者非常注重意识形态资源的对统治稳固的重要性，所谓得民心者，得天下；失民心者，失天下。（2）政治层面的资源。合理的政治制度和规则，并在这种制度和规则上运行的政治模式。（3）经济层面的资源。主要包括政绩效绩和有效性，主要是指一个政治权力主体取得的实际成效，包括经济发展和繁荣，战争的胜利、国际认可等。这种合法性资源的分类是从社会结构的角度来论述，这个视角是从社会结构的横向比较来分类的。

合法性资源的视角除了横向比较，还可以进行纵向比较。因为任何一个政党的执政都存在时间跨度，都有自己的历史、现在和未来。从纵向的角度及历史方位来看，合法性资源也存在历史、现在和未来的三维度问题。任何一个执政党在巩固合法性资源时都在不同程度运用历史、现在和未来的三种综合性合法资源。只不过每个政党所利用合法性资源的重点不同。这些不同反映着每个政党的执政理念和模式，是衡量一个政党执政能力和执政水平的一个尺度，在现实中表现为执政党合法性的巩固或危机。

三 中国共产党执政合法性资源的实践逻辑

从1949年至1956年是中国共产党获得合法性资源最丰厚的时期．28年革命斗争的历史合法性资源是其1949年执政的现实基础。中国共产党并没有满足于利用历史合法性资源，而是把开发和追加现实中政治、经济和意识形态合法性资源作为重点。表明中国共产党在对待历史和现实这两大块合法性资源上采取了理性的模式，利用现实的合法性资源的重建作为巩固合法性基础的重点，同时，又恰当地利用历史的合法性资源。在现实合法性资源中，又正确利用经济、政治和意识形态三者整合作用，在经济绩效、政治制度的构建和意识形态的整合中，都追加了新的合法性资源。实现了合法性资源的最大化利用，因而是其执政合法性基础最为巩固的时期。

历史的合法性资源不仅为一个政权产生奠定了基础，而且为它的稳定和发展带来理论上的支持。毫无疑问，中国共产党28年的革命斗争经历了巨大的艰辛和重大的牺牲，代表了中华民族共同体的利益和社会发展方向，赢得了广大人民群众的支持和认同，为奠定其政治合法性提供了丰厚的合法性资源。历史的合法性资源主要包括：首先，革命带来的政治合法性。中国共产党通过摧枯拉朽的暴力革命，彻底打碎了旧中国长期存在阻碍现代化的制度结构，消灭了妨碍社会进步的反动政治势力，挽救了中华民族的危亡，并为新的制度的建立扫清了障碍，实现了中华民族伟大复兴的第一步。取得民族独立，完成国家的统一和人民的解放是其他任何政治集团都没有做到的，人民通过比较，发自内心地敬仰和支持中国共产党，自然地对它的执政地位认同。"武装斗争的胜利是中国共产党执政的最根本的合法性基础。"① 其次，土地改革的绩效。中国共产党合法性的获得同时又来自对社会和经济变革的承诺，特别是对于土地改革的许诺，是中国共产党历史上各个时期获得大众支持和吸引人们加入革命的根源。土地改革不仅是一场解放生产力的革命，也是一场前所未有的生产关系的变革，它是经济变革和社会变革的混合体。此外，从抗日战争开始的根据地人民民主政权建设使人民群众在经济翻身的基础上实现了政治上的翻身。人民当家做主成为千百年来中国政治上的最伟大变革。这些都成为中国共产党在1949年取得执政合法性的现实基础，也是其执政以后可以用来巩固执政地位的历史合法性资源。

尽管丰厚的历史资源给中国共产党的执政地位奠定了基础，但是随着时间的变化，历史合法性资源不可避免地遭到流失，现实中的执政绩效必然要取代历史合法性资源，成为最根本的方面。因为合法性最深厚的基础存在于一定社会的经济关系所决定的利益关系，对社会各阶层利益的满足是其执政合法性现实的物质基础。中华人民共和国成立后，中国共产党又通过恢复与发展经济，继续进行土地改革，社会主义改造，制订与实施"一五"计划，发展科技和文化教育事业，从而满足了人民日益增长的物质文化需要，极大地巩固了其政治合法性基础。因此，中华人民共和国成立初期，国家独立和重建的主题继续与彻底的社会革命和经济变革的任务混合在一起。此外，在中华人民共和国成立后，中国共产党大力进行了制度资源的绩效开发，以保证党的权力的获取与行使都有合法性的基础。

建立了符合民众所追求的普遍的理性价值的制度与规范。建立了人民代表大会制度、中国共产党领导的多党合作和政治协商制度、民族区域自治制度等社会主义基本政治制度。这些制度建设和意识形态整合伴随在一起，在增强广大人民认同的同时，也使被打倒的阶级分

---

① 毛寿龙：《政治社会学》，中国社会科学出版社2001年版，第89页。

子获得一定程度的改造，从而使社会各阶级、阶层形成对社会主义国家和社会主义政权的一种自觉认同和支持。基本政治制度的构建体现了民众对公正、公平、平等、民主、自由等普遍的价值理性体系的追求，从法律上确定了民众政治参与的制度与渠道，满足了自抗日战争以来民众日益增长的政治参与需求，有效地协调了中华人民共和国成立初期出现的党群、干群、工农、劳资等各利益群体之间的矛盾与冲突，革命后新政权从这些合法性资源中获得了重要支撑和发展动力。建立了生产资料公有制、按劳分配制度、计划经济制度和计划管理体制等社会主义基本经济制度。生产资料私有制社会主义改造是中华人民共和国成立之后历史上的一次制度革命，不仅是一场经济革命，而且还是一场社会结构革命和意识形态革命，这些革命都不同程度提供了合法性资源。总之，革命后中国共产党汲取了包括来自意识形态、制度、政绩和个人魅力等方面丰厚的合法性资源，历史性地夯实了新政权合法性基础。

由此可见，从1949年到1956年，中国共产党在寻求合法性资源上主要表现在：及时将革命斗争带来的广大群众的认同转变为政治合法性。中国共产党并没有把革命斗争的历史合法性资源当作巩固政治合法性基础的主要来源。而是紧紧抓住经济绩效和政治绩效作为巩固合法性的现实基础，同时也进行新的政治制度的构建和意识形态的整合。表明中国共产党在对待历史和现实这两大块合法性资源，对现实合法性资源构成的不同要素的整合采取了理性的模式。在革命胜利的前夕，毛泽东比较清醒地认识到这一点，他在党的七届二中全会上的讲话，以及离开西柏坡前反复地说，把夺取政权当作进京赶考，绝不当李自成。可见，党对当时革命的辉煌业绩和现实的政治合法性并没有看作必然的联系。当中国共产党认识到并把巩固合法性资源的历史方位指向现实时，并在现实中取得丰厚的绩效资源。因此，到1956年前后，人民群众发自内心地拥护和支持现行政权，使中国共产党的合法性基础达到了最稳固的阶段之一。

1956年，党的八大提出探索社会主义建设道路，表明中国共产党继续把现实中的绩效当作巩固党的合法性的重点。然而，由于指导思想上的失误，先后发动"大跃进"和"人民公社化"运动，致使三年自然灾害的出现，经济建设和人民生活出现了严重的困难。此后，到1978年之前，经济建设停步不前，政治领域的民主和法制建设遭到严重破坏，人民生活没有明显的改善。现实中的政治和经济绩效无法作为新的合法性资源继续维持人民内心的支持和认同。现实中无法得到的东西必然要从历史上去寻找。1957年以后，中国共产党利用政治合法性资源的时间方位逐渐从现实中转向历史，到"文化大革命"时达到顶峰。

历史的合法性资源主要由两大块组成，即革命斗争的辉煌成就和中华人民共和国成立后的成就成为历史的政治、经济绩效。在这两大块的历史合法性资源中，革命斗争的历史资源更为丰厚并令人民更为认同。通过意识形态以"没有共产党就没有新中国"作为主题的宣传和灌输，成为巩固合法性基础和获得人民认同可以利用的主要资源。"没有共产党就没有新中国"成为巩固政治合法性基础的一种逻辑推理，这表明中国共产党巩固合法性的取向发生了重大变化，历史的特别是革命斗争的资源逐渐取代现实资源，成为其巩固合法性的重点。1976年"文化大革命"结束后，国民经济到了崩溃的边缘，人民生活水平持续不前，意识形态领域混乱，这一切反映在政治合法性的最大危机就是出现了怀疑党的领导，怀疑社会主义制度的思潮。纵观中国共产党执政的历史，可以看出："文化大革命"结束的时候，历史合法性资源不可避免地流失，更重要的是现实合法性资源中经济绩效的缺失，导致了政治和意识形态资源的危机，这是中华人民共和国成立以后中国共产党合法性资源流失最为严重的时期，直接对合法性基础构成了挑战。

1978年的党的十一届三中全会，中国共产党把党的工作重心转移到经济建设上来，准确地反映了中国社会发展阶段的客观需求，把党的合法性基础建立在现实资源的基础上。"文化大革命"结束时，历史合法性资源对巩固执政合法性的作用已达到极限，意识形态和政治资源整合作用的有限性已暴露无遗。邓小平果断地把党的合法性基础的巩固转向现实资源的开发,在现实资源中又突出经济绩效的作用。改革开放的总设计师邓小平同志深深认识到党的合法性危机和症结所在,尖锐地提出"什么是社会主义制度优越"的问题,他说:"社会主义制度优越性的根本表现,就是能够允许社会生产力以旧社会所没有的速度迅速发展,使人民不断增长的物质文化生活需要能够逐步得到满足。"①

随着社会主义现代化的深入,又推进政治体制改革和精神文明建设,表明党在重点拓展经济绩效时,及时将政治和意识形态的合法性资源进行整合,实现三种资源的合理整合。如果说"没有共产党就没有新中国"作为中国共产党合法性逻辑推理一贯正确的话,"文化大革命"结束时,国民经济到了崩溃的边缘,怀疑党的领导和社会主义制度使中国共产党第一次在现实中遇到了执政合法性挑战和危机,而东欧剧变和苏联解体又一次对历史合法性资源与执政合法性因果联系产生了根本动摇。随后出现的一些百年执政大党退出历史舞台,更加深了这种理念的危机感。

从邓小平的发展才是硬道理到江泽民提出发展是党执政兴国的第一要务,都展现出党对利用历史资源和现实资源辩证关系的理性认识,体现出对经济绩效在巩固执政合法性的独特地位。1992年邓小平在南方谈话中强调:"不坚持社会主义,不改革开放,不发展经济,不改善人民生活,只能死路一条。"② 显示出他对党利用现实合法性资源和获取合法性资源内容对巩固其合法性基础的真知灼见。在改革开放和社会主义市场经济条件下,如何巩固党的执政基础和执政地位,江泽民提出了"三个代表"重要思想。贯彻"三个代表"重要思想的要求,关键在坚持与时俱进,核心在保持党的先进性,本质在执政为民。"三个代表"重要思想把巩固党的合法性的关键放在现实

---

① 《邓小平文选》第1卷,人民出版社1994年版,第128页。
② 《邓小平文选》第3卷,人民出版社1993年版,第370页。

基础上。

　　现实的合法性资源是巩固执政合法性的关键所在，然而，历史和未来的合法性资源也是其执政合法性的源泉。随着时代的变化，原有的丰厚历史合法性资源，不可避免地会流失，但并不意味着历史合法性资源没有利用的价值。相反，能不能合理地对待和利用历史合法性资源是一个政党执政能力和执政水平成熟的标志之一。苏联共产党在对待历史合法性资源的态度和模式是其失去合法性的原因之一。苏共的历史原本是其巩固合法性的重要资源，到戈尔巴乔夫执政时，随着思想多元化的出现，人们由否定斯大林到列宁，进而否定整个苏共的历史，这就使苏共从源头丧失了合法性基础。

　　邓小平同志在对待中国共产党历史合法性资源上显示了他的政治智慧。对起草《关于建国以来党的若干历史问题的决议》的人员反复讲："毛泽东思想这个旗帜丢不得。丢掉了这个旗帜，实际上就否定了我们党的光辉历史。"[①] 尽管改革开放以后，我们以经济建设为中心，但邓小平并没有忘记历史合法性资源的利用，在整个改革开放的过程中，他反复强调"一手硬，一手软"的问题，在经济建设取得辉煌成就的同时，绝不可忽视思想政治教育工作。

　　未来的合法性资源也是一个政党可以寻求的巩固合法性的因素，未来合法性资源是一个政党通过其执政纲领宣传未来的社会目标而获得人民群众的价值认同。中国共产党在民主革命时期通过新民主主义纲领指明了未来的新民主主义共和国蓝图为其夺取政权带来了广泛的群众基础。20世纪50年代中国共产党通过意识形态对社会主义和共产主义制度的优越性的宣传，获得了人民群众的心理和价值认同，是中国共产党获得未来合法性资源丰厚的时期。然而，"大跃进"和"人民公社化"运动中，由于对社会主义和共产主义制度的非理性宣传，以及小农意识对未来制度的空想性，和随后三年自然灾害带来的巨大反差，使未来合法性资源遭到破坏。"文化大革命"十年中对未

[①] 《邓小平文选》第2卷，人民出版社1994年版，第298页。

来社会制度的空洞宣传,以及改革开放后与国外的巨大反差,带来了对社会主义制度的疑惑和信仰危机,使未来合法性资源流失到最严重的地步。

邓小平深刻地认识到这一点,他既没有丢掉对未来合法性资源的利用,也没有简单重复通过意识形态空洞的宣传方法来利用未来合法性资源,而是采取了一种新的方式来重构未来合法性资源以巩固合法性基础。在继续确定共产主义理想的旗帜下,他把构建未来合法性资源的重点放在近、中期社会发展战略和目标上,特别是在社会主义初级阶段把"三步走"的战略目标作为中国共产党可以利用的未来合法性资源。这种未来合法性资源既具有可操作性又具有合理性论证和可实现性。

构建未来合法性资源的重点由共产主义抽象性的概念转化为人民群众看得见、摸得着的资源。1980年提出的第一步走的战略目标到1990年顺利实现,使未来的合法性资源在现实中得到认同,使"文化大革命"结束后的未来合法性资源的危机得到缓解,未来合法性资源的流失得到遏制,并追加了新的未来合法性资源。21世纪之交,我们又实现了第二步走的战略目标,人民生活总体上达到小康水平。使未来合法性资源和现实合法性资源在社会主义现代化建设的实践中得到良性互动。一个政党未来的政治目标在现实中得到实现,使人民才可能对新的未来的政治目标给予认同。前两步战略目标的实现,使全面建成小康社会和21世纪50年代基本实现现代化成为党巩固合法性可以利用的未来合法性资源。

通过对中国共产党执政后利用合法性资源的脉络梳理,从纵向上看:中国共产党始终是在利用历史、现实和未来三种资源的集合体;从横向上看:中国共产党利用合法性资源是由经济、政治和意识形态三种要素构成。无论从纵向还是横向上看,利用合法性资源的重点却发生了重大变化。这种变化呈现出一个曲线图,有两个分界线,一个是1957年"反右",另一个是党的十一届三中全会。1957年之前,中国共产党既注重历史合法性资源,又把重点放在现实合法性资源的追加上，同时，又合理整合经济、政治和意识形态领域的合法性资源，实现了合法性资源最大化地利用。

  1957年到党的十一届三中全会之前，中国共产党把巩固合法性的重点逐渐转向历史合法性资源上，而现实合法性资源中又注重意识形态和政治领域的整合，经济绩效则被边缘化。党的十一届三中全会之后，中国共产党利用合法性资源的历史方位发生了变化，把重点由历史合法性资源转向了现实合法性资源，在现实资源中既突出经济绩效又整合其他两种资源，处理和运用合法性资源的模式日益成熟。这种取向的转变不仅仅反映了利用合法性资源的历史方位和构成要素顺序的变化，更是执政能力和执政理念的转变，体现了对执政规律的深刻认识，是党执政能力和执政水平初步成熟的一个标志。

全面建成小康社会中生存型与发展型矛盾的特征及治理之道*

全面建成小康社会是实现中国现代化建设"三步走"发展战略的关键一步,对实现"两个一百年"奋斗目标起着承上启下的枢纽作用。全面建成小康社会决胜阶段是全面建成小康社会的冲刺、攻坚和收官阶段,从温饱社会阶段经过初步建成小康社会阶段再到全面建成小康社会阶段的递进,导致中国经济社会发展阶段历史方位的变迁,使社会主义现代化发展阶段呈现出新的阶段性特征。从温饱社会到全面建成小康社会阶段性特征的变化,必然导致社会矛盾存在的客观条件和人的主观需求内涵双重维度发生广泛而深刻的变化,由此带来中国社会矛盾整体性特征发生较大的变化。科学分析和研判全面建成小康社会决胜阶段社会矛盾新变化与新特征,对于跨越"中等收入陷阱"的矛盾凸显期,有直接的现实意义。

一 生存型与发展型矛盾:矛盾客观条件和主观需求内涵变化的双重聚焦点

改革开放后,我们逐步确立了社会主义初级阶段是中国特色社会主义的"总依据";同时,又揭示中国特色社会主义动态发展阶段性特征。"既要看到社会主义初级阶段基本国情没有变,也要看到中国

---

* 原载《理论导刊》2017 年第 9 期。

经济社会发展每个阶段呈现出来的新特点。"① 动态观察社会主义初级阶段主要矛盾呈现的阶段性特征也是多视角的，其中，从"生存型矛盾与发展型矛盾"范畴来观察中国社会矛盾变化就是新视角之一。生存型矛盾与发展型矛盾概念是中国本土化的术语，西方没有相对应的范畴，与此相接近的概念范畴是迟福林提出的"生存型社会与发展型社会"。生存型社会与发展型社会是以迟福林为代表的学者，依据中国现代化发展阶段中客观条件需求变化，从经济发展水平、消费结构、产业结构、就业结构、城镇化率等指标区分中国现代化发展阶段性特征。生存型矛盾与发展型矛盾范畴，是从矛盾视角区分中国社会矛盾关系的阶段性变化，生存型矛盾是指围绕着人的衣食住行等生存条件而产生的社会矛盾。发展型矛盾是指在满足基本生存条件后，围绕着发展关系而产生的社会矛盾。两种类型矛盾关系呈现出矛盾内涵发展的递进关系。

从生存型矛盾与发展型矛盾范畴来诠释中国现代化发展进程中社会矛盾变化的衡量维度有三个优点：一是可以动态上而不是静态上观察中国社会矛盾变化的阶段性特征区分度。生存型矛盾与发展型矛盾是一种从衣食住行等物质性矛盾向发展权利为主要内涵的矛盾上升阶段的动态演进。二是从整体上观察社会矛盾新变化，生存型与发展型矛盾并非从矛盾主体、客体、手段、后果等单向度观察社会矛盾，具有矛盾整体性的论断。三是实现矛盾客观条件与主观条件的有机统一，生存型与发展型矛盾，既从矛盾存在的客观条件揭示其变化，又从矛盾存在的主观需求条件上诠释其变化，实现矛盾客观条件与主观条件变化的统一。

（一）矛盾客观条件从温饱社会向全面建成小康社会阶段转变

从矛盾存在客观条件看，"三步走"发展战略是中国经济社会发

---

① 《习近平在中共中央政治局第二十次集体学习时强调：坚持运用辩证唯物主义世界观方法论　提高解决我国改革发展基本问题本领》，《人民日报》2015年1月24日第1版。

展阶段的最顶层设计和最主要的衡量维度。温饱社会、初步建成小康社会、全面建设小康社会和全面建成小康社会,是衡量中国经济社会发展阶段性特征的最客观、最全面的角度。从中国经济社会发展阶段性特征分析,尽管中国存在着少数部分贫困人口,但中国总体上于1990年和2000年分别实现温饱社会和初步建成小康社会,又经过全面建设小康社会阶段,从整体上呈现出与温饱社会发展阶段不一样的新的发展阶段。根据生存型和发展型阶段客观条件的主要特征的区分度,结合判断指标的代表性、指标的可测性以及指标数据的可获得性等因素,迟福林等学者把经济发展水平、消费结构、产业结构、就业结构、城镇化率5个指标作为判断生存型阶段向发展型阶段转型的标准[①]。

表1 中国从生存型阶段向发展型阶段转型的客观衡量指标

指标体系	判断指标	指标参考值	中国首次达到参考值的时间
经济发展水平	人均GDP	超过1000美元	1100美元(2002)
消费结构	恩格尔系数	低于50%	39.4%(城镇,2000) 49.1%(农村,2000)
产业结构	第一、第二、第三产业比重	第一产业<15% 第三产业>40%	第一产业<14.1%(2001) 第二产业<45.2%(2001) 第三产业>40.7%(2001)
就业结构	一产业比重	低于50%	50%(2000)
城镇化	城镇化率	不低于40%	40.5%(2003)

资料来源:中国(海南)改革发展研究院《人类发展报告2007/2008》。

党的十七大报告中提出中国经济社会发展呈现出新的阶段性特征。区分改革开放以来衡量中国经济社会发展阶段性的全局性、基础性和关键性的维度是生存型阶段与发展型阶段的维度。从中国"三步

---

① 迟福林:《中国:改革决定未来》,中国经济出版社2000年版,第8页。

走"发展战略看,生存型阶段与实现温饱社会阶段相吻合,2002年党的十六大提出中国整体进入小康社会,这与发展型阶段的特征指标相吻合。因此,从矛盾变化存在的客观条件的最大变量看,中国整体上已经从温饱社会的生存型阶段,向全面建成小康社会的发展型阶段迈进,贫困地区的生存型矛盾成为全面建成小康社会的局部短板,但发展型阶段的特征日渐凸显,发展型矛盾成为矛盾主体。从温饱社会生存型发展阶段向全面建成小康社会发展型阶段迈进,是中国现代化建设发展阶段的客观条件发展变化的重要标志。

(二)矛盾主观条件从人的生存型需求向发展型需求提升

与社会矛盾变化相联系的另一个重要维度是人的需求内涵的变化。人是社会矛盾变化的承担者与推动者,人的需求变化是导致社会矛盾变化的内在动因。与社会发展阶段客观条件变化相联系的是人们主观需求的变化,人民需求内涵最大的变化是从生存型需求向发展型需求转变。温饱社会阶段人民最大需求是衣食住行等基本生存状态的生存型需求,以生存型需求为内涵的物质利益矛盾是温饱阶段社会矛盾最主要的主观表现形式。

人的需求内涵是分层次的,随着基本生存型需求的满足,人们需求向更高层次迈进。"已经得到满足的第一个需要本身、满足需要的活动和已经获得的为满足需要用的工具又引起新的需要,而这种新的需要的产生是第一个历史活动。"[①] 恩格斯把人的需求划分为三个层次,即生存需求、享受需求和发展需求三个高低层面。美国学者马斯洛的需求层次理论,将人的需求从低级到高级分为五个层次:生理需求、安全需求、感情需求、尊重需求、自我实现需求。尽管他们关于人的需求层次划分有所差异,但都体现了"需求上升规律"。在温饱阶段,人们需求简单化且集中在低层次物质需求的满足,随着发展型阶段的到来,人们需求内涵的广度和深度在增加。"从原来以满足人

---

① 《马克思恩格斯选集》(第1卷),人民出版社2012年版,第159页。

自身生存需要为主要目标的生存型阶段转入以追求人自身发展为主要目标的发展型新阶段。"[①]

现实调查的数据也印证了人们从温饱社会的生存型需求向全面建成小康社会发展型需求内涵的转变。作为人民网每年一度的"两会热点"调查，该调查具有全国性的、权威性的民众主观需求的调查数据，通过对2012—2016年全国民众对两会热点问题的调查数据梳理分析，民众每年最关心的前五位问题主要集中在：社会保障、收入分配、反腐倡廉、食品安全、医疗改革、教育公平、干部作风等。

这些问题既包括生存型需求，也包含发展型需求，但更多的是发展型需求，如反腐倡廉、食品安全、医疗改革、教育公平、干部作风等，这些发展型矛盾有的属于公平正义需求，如教育公平、医疗改革中的公共服务均等化问题；有的属于政治参与的需求，如反腐倡廉、干部作风，主要是政治参与中民众监督政府的需求。除此之外，调查数据显示有些需求是民众生存型需求与发展型需求的混合体，如社会保障，既有最低生活保障的兜底性生存型需求，也有行政事业退休职工与企业退休职工养老金的公平性问题。居民收入问题既有贫困地区的实现温饱问题，也包含着城乡、区域、群体和行业收入不公问题，前者属于生存型需求，后者属于发展型需求。总体来看，从温饱型社会向全面建成小康社会发展型阶段迈进后，人们需求的广度和深度发生变化，需求的广度变化体现在生存型需求的人数在减少，发展型需求的人数在急剧增加。从需求的深度看，人们从过去基本的衣食住行生存型需求，向政治需求、文化需求、生态需求等方面扩展，特别是集中于政治参与需求、文化多样性需求、生态安全需求、社会和谐需求、公平正义需求等发展权利内涵。

[①] 中国（海南）改革发展研究院课题组：《改革开放30年社会发展阶段的演进轨迹及其引申》，《改革》2008年第10期。

表2　　　　中国民众从生存型需求向发展型需求内涵的变化

年份	第一位	第二位	第三位	第四位	第五位
2012	社会保障	收入分配	医疗改革	社会管理	教育公平
2013	社会保障	收入分配	反腐倡廉	社会保障	医疗改革
2014	社会保障	反腐倡廉	食品安全	收入分配	干部作风
2015	收入分配	重拳反腐	经济新常态	食品安全	简政放权
2016	社会保障	居民收入	医疗改革	打虎拍蝇	教育公平

资料来源：根据人民网"两会热点"调查数据整理。

依据影响中国社会矛盾变化的客观条件和主观需求双向维度的变化聚焦点分析，一方面，从影响中国社会矛盾变化的客观条件看，中国从温饱型社会发展阶段向全面建成小康社会决胜阶段转变中，我们整体已经跳出衣食住行基本生存型发展阶段，步入更高层次的"五位一体"布局发展型阶段；另一方面，从影响中国社会矛盾变化的人们主观需求内涵看，中国人民已经从总体上满足了衣食住行基本生存型需求，向更高层次的政治参与、文化多样性、社会和谐、良好生态环境、公平正义等发展型需求转变。影响社会矛盾的客观条件和主观需求双向维度聚焦于生存型矛盾与发展型矛盾的类型区分。因此，从生存型矛盾与发展型矛盾的矛盾维度来观察中国社会矛盾新变化，更贴近中国现代化客观变动的阶段性动态实际，更符合中国人民主观需求的层次变动，实现分析中国社会矛盾的客观条件和主观需求的统一，为分析中国社会矛盾新变化和新特征提供新的分析视角。

二　社会矛盾呈现出生存型矛盾与发展型矛盾的风险叠加性特征

中国社会矛盾整体呈现生存型矛盾与发展型矛盾双重叠加性的特征。从矛盾时间维度分析，西方内源性现代化国家数百年的发展道路中次第展开的各种矛盾，在中国被压缩到100年的时空中，形成矛盾

"历时性"与"共时性"的风险"压缩性"胶囊。从矛盾存在的空间维度分析,由于中国经济社会区域发展不平衡性,中国既存在着贫困地区整体攻坚脱贫的生存型矛盾,又存在着其他地区再发展中的发展型矛盾,两种类型社会矛盾共存于全面建成小康社会决胜阶段进程中。从矛盾的关联度上,生存型与发展型矛盾出现矛盾"共生性"状态,即同一种矛盾中混合着生存型与发展型的次生型矛盾。

(一)矛盾空间维度上表现为生存型与发展型矛盾的"历时性"与"共时性"的风险"压缩性"胶囊

中国现代化发展战略属于外源后发型、赶超型发展战略。这种赶超型发展战略决定了中国现代化建设不能模仿西方发达国家在数百年的时间维度逐次推进,需要采取赶超型的非常规手段在有限时间内实现现代化发展战略。中国赶超型发展战略从中华人民共和国成立初期的"大跃进"运动到改革开放后最终确立为"三步走"现代化发展战略100年的时间维度内,即在中华人民共和国成立100周年时实现现代化。

这种赶超型现代化发展战略利用后发优势,在经济高速发展且逐步缩小与发达国家差距的同时,带来风险积累和矛盾叠加效应,即把农业社会向工业社会过渡矛盾、工业社会进程化的矛盾及信息社会矛盾的三种类型的矛盾压缩在一起。西方社会三种类型社会矛盾是一种在内生性动力推动下逐步展开的,现代化起飞阶段处理从农业社会向工业社会转型发生的矛盾,现代化推进阶段处理工业社会发展的矛盾,现代化成熟后,处理从工业社会向信息社会转型的矛盾,形成在不同发展阶段处理不同类型矛盾的逐次、有序推进过程。"内源的现代化是一个自发的、自下而上的、渐进变革的过程。经济与政治权势的转移是非常缓慢的,变革引起的社会矛盾与动荡也是逐次展开的。"[①]

---

① 罗荣渠:《现代化新论——世界与中国的现代化进程》,商务印书馆2004年版,第132页。

特别是"三步走"现代化发展战略提出后,中国生存型阶段,即实现温饱社会阶段被压缩在10年左右的第一步走发展战略中完成,由于中国发展不平衡性及生存型矛盾的"反复"性,一些地区和群体的生存型矛盾并没有得到彻底、长期的解决,中国整体就进入全面建设和建成小康社会的发展阶段。同时超前性地遇到信息社会网络虚拟矛盾的挑战,三种不同类型矛盾叠加在一起,导致原来次第解决不同类型的社会矛盾共存于全面建成小康社会决胜阶段历史方位中,形成生存型与发展型矛盾的"历时性"与"共时性"并存的状态。

"历时性"与"共时性"作为学术概念,首次提出者是瑞士著名语言学家费尔狄南·德·索绪尔,该语境下是指语言的状态及发展阶段,后来该概念范畴逐渐扩展到社会学、政治学等学科领域,更多的含义是指事物发展过程中空间维度的不同表现形式。"历时性"就是一个系统发展的历史性变化情况(过去—现在—将来);而共时性,就是在某一特定时刻该系统内部各要素之间的关系。具体到中国现代化建设过程中社会矛盾历时性与共时性存在的问题,表现为两个方面:从矛盾时间维度的纵向时态看,部分贫困型矛盾被延续到小康社会阶段解决,形成过去时的生存型矛盾与现在时的发展型矛盾交织在一起,又遭遇后现代化阶段信息社会的虚拟社会矛盾。从矛盾横向关系看,一个具体矛盾中,既存在着生存型社会矛盾又有发展型社会矛盾,还有后现代社会矛盾,三种社会矛盾共存于同一事件中。

首先,"历时性"与"共时性"体现在生存型矛盾与发展型矛盾的错位表现。错位表现是本该在实现温饱阶段解决的生存型矛盾,迟滞到全面建成小康社会决胜阶段进行攻坚解决,形成生存型矛盾与发展型矛盾的错位共存局面。国家统计局数据显示,2014年全国农村尚有7017万贫困人口,约占农村居民的7.2%,2015年中国农村贫困人口从上年的7017万人减少到5575万人,减少1442万人(比上年多减少210万人),贫困发生率从上年的7.2%下降到5.7%①。除此之外，由生存型阶段引发的一些社会矛盾，如社会保障问题中的低保、社会救助等问题，这些在温饱阶段应该解决的矛盾，由于现代化发展战略时间的压缩，被错位到全面建成小康社会的发展型阶段，形成生存型矛盾的"历时性"与发展型矛盾的"共时性"并存的状态。

其次，"历时性"与"共时性"体现在虚拟矛盾与发展型矛盾的越位表现。越位表现是指处于工业化中后期阶段的工业社会矛盾，又超前遇到后现代信息社会中的虚拟社会矛盾，形成虚拟社会矛盾与工业社会矛盾的越位叠加状态。当中国进入人均GDP 3000美元的阶段，再向工业化中后期高收入阶段推进时，遭遇"中等收入陷阱"的"矛盾凸显期"，又遇到后现代化阶段的信息社会虚拟矛盾，这是西方发达国家现代化进程中没有遇到的先例，工业社会矛盾高发期，又提前遭遇虚拟社会矛盾，网络虚拟社会对现实社会矛盾的放大、助推、助燃等效果更加显现，使矛盾的扩散、叠加、衍生、变异等风险前所未有。当前，中国网络舆情突发事件、网络群体性事件的多发、现实群体性事件频发，就是工业化矛盾"凸显期"遭遇虚拟矛盾的双重叠加效应。

中国现代化进程中"压缩性"风险胶囊，表现为农业社会矛盾、工业社会矛盾与信息社会矛盾，在错位与越位中形成三种类型矛盾风险叠加效应。外源现代化的"外部因素的作用超过内部因素，各种社会矛盾的动荡的发生是集中的、急速的、大幅度的"②。农业社会矛盾、工业社会矛盾和信息社会矛盾交织在一起形成不同文明阶段社会矛盾的复合体，传统农业社会的矛盾在农村依旧存在，如宅基地纠纷、邻里矛盾、农村土地流转和承包、家族矛盾；工业化社会的矛盾激增，如城镇化的征地拆迁、农民工欠薪、环境污染、农村土地征用

---

① 国家统计局：《2015年国民经济和社会发展统计公报》，《人民日报》2015年2月29日第6版。
② 罗荣渠：《现代化新论——世界与中国的现代化进程》，商务印书馆2004年版，第132页。

补偿、教育、住房、医疗等民生问题矛盾，公共设施的邻避型冲突等；还有信息社会中新型社会矛盾的凸显，如网络虚拟矛盾、价值性冲突、风险社会等。三种矛盾风险叠加效应，是西方发达国家现代化进程中从未遇到的挑战，"我们在推进改革开放和社会主义现代化建设中所肩负任务的艰巨性和繁重性世所罕见；我们在改革发展稳定中所面临矛盾和问题的规模和复杂性世所罕见；我们在前进中所面对的困难和风险也世所罕见"[①]。

此外，中国现有的许多社会矛盾是过去"历时性"的生存型矛盾拖延不决导致其发展为生存型与发展型矛盾的"共时性"混合体，使本应该付出较少成本的矛盾解决难度愈来愈大，产生许多信访等矛盾中的"历史遗留问题"。过去温饱社会阶段出现的大量生存型社会矛盾，由于诉求渠道不畅通及化解矛盾绩效的有限性等原因，导致一些温饱阶段的生存型社会矛盾，推移到全面建成小康社会阶段来解决，原来单纯的生存型矛盾，又夹杂着发展型矛盾，处置矛盾的复杂性和难度急剧加大。目前，中国许多信访问题中的疑难案件就是由此造成的，我们把它称为历史遗留的问题。例如，20世纪90年代中期中国的国有企业改制问题，由于国有企业改制的监督机制不完善，一些下岗职工补偿、养老、医疗等保险缴纳不到位，随着时间的推移，这些围绕着生存型经济利益问题，由于经济社会发展，他们的经济诉求随时间变迁会提出更高要求目标，同时也提出非经济利益要求，如政府解决就业、提高个人社会保障等，导致矛盾解决难度愈来愈大。"随着时间的推移，大量其他因素的加入，会使得看似简单的矛盾化解和问题处理变得越来越困难。时间变量发生变化，可能导致其带来党政班子的变动、政策的变化以及社会环境发生变化，这些都变化以后，解决问题的难度就会越来越高，甚至到了无从化解的地步。"[②]

---

① 胡锦涛：《在纪念党的十一届三中全会召开30周年大会上的讲话》，《人民日报》2008年12月19日第1版。
② 容志、陈奇星：《"维稳政治"：中国维稳困境的政治学思考》，《政治学研究》2011年第5期。

（二）空间维度上呈现生存型矛盾的局部短板与发展型矛盾主体地位凸显并存的矛盾格局

中国现代化建设中最大的不平衡性是经济社会发展中城乡、区域不平衡性。经济社会发展不平衡性反映在社会矛盾中表现为贫困地区的生存型矛盾与较为富裕地区的发展型矛盾并存，尽管城市、东部地区也存在着贫困人口，也有生存型社会矛盾，但从贫困人口分布的绝对数量、连片性和贫困程度看，生存型人口及生存型矛盾，在中、西农村地区占绝大多数，生存型矛盾与发展型矛盾的区域差别表现最为突出。因此，全面建成小康社会决胜阶段中国社会矛盾，既面临着贫困地区解决温饱问题的生存型矛盾，又有较发达地区解决发展型的矛盾，两种矛盾交织在一起，构成了中国社会矛盾的复合性特征。

当前中国贫困地区生存型矛盾突出表现为围绕着衣食住行等基本生存需求不足产生的矛盾，主要表现为三个方面：一是围绕着个体及家庭收入低下带来的经济贫困问题；二是围绕着教育、医疗、住房、就业、社会保障等公共资源及服务不均衡带来的民生问题；三是生存型矛盾由此衍生的各种社会矛盾，如贫困地区农民工工资拖欠问题、扶贫资金分配不均问题、农村低保、救助确认不合理问题、土地流转经济纠纷、土地征用补偿不合理问题、产业转移中环境污染问题、留守儿童关爱问题、留守空巢老人养老问题等。

中国发展型矛盾是在生存型矛盾解决以后人的自身发展过程中产生的更为复杂的问题，其矛盾的类型和内涵更为广泛和深刻。一是从矛盾的价值取向看，发展型矛盾超越生存型矛盾的具体形式，上升为民众对公平正义价值取向的追求，不公平感等价值型矛盾出现。二是经济利益矛盾仍然居高不下，但经济利益矛盾内涵在发生着深刻的变化，经济利益矛盾更多围绕着追求富裕生活而产生。如收入分配不公问题；新型城镇化进程中征地拆迁补偿问题；非法集资、养老金均等化等引发的社会矛盾。三是围绕着公共服务不足导致的民生问题快速上升。从生存型阶段向发展型阶段转变特征之一,就是个人产品短缺被公共服务产品短缺所取代,由此造成的社会矛盾就是公务服务供给与人民需求之间矛盾凸显,教育、医疗、住房、社会保障等民生问题多发、频发,具体表现为医闹、业主与开发商纠纷、业主与物业纠纷、企业缴纳"五险一金"问题。2016年人民网"两会调查"显示:"社会保障居选项热点排行榜首位,居民收入、医疗改革、打虎拍蝇和教育公平分列第二至第五。"[①] 四是新型社会矛盾增多。包括涉法涉诉问题、司法不公问题、腐败及政府不作为、环境污染及保护问题、网络舆情疏导、社会心态失衡问题。北京市信访矛盾分析研究中心发布的《北京市社会矛盾指数研究情况与社会矛盾发生趋势预测年度报告(2015)》显示:"公共安全、住房和医疗矛盾突出,教育矛盾提升最快,居民对贪腐、物价上涨和官员履职的不满情绪集中。"[②]

这两种社会类型矛盾共存于中国全面建成小康社会决胜阶段的历史方位中,从矛盾总体发展态势和格局看,生存型矛盾的范围在减少,发展型矛盾的压力在上升,呈现此消彼长的态势。但从矛盾解决的时间维度看,生存型矛盾是必须限时解决的矛盾,属于攻坚克难的硬骨头,发展型矛盾将长期存在于现代化建设中,需要循序渐进、标本兼治地解决发展型矛盾。这两种矛盾既有经济利益矛盾的相同点,更多是不同类型矛盾特殊性,还有两种矛盾的连带性和关联性。

(三)矛盾关联性上表现为生存型与发展型矛盾的"共生性"状态

中国生存型与发展型矛盾的风险叠加性,还表现为同一种矛盾的"共生性"现象。"共生性"原指不同矿物质存在于同一种矿产品

[①] 《2016年两会调查:社会保障成最热选项,五年内四次居首》,人民网,2016年3月2日。
[②] 北京市信访矛盾分析研究中心:《北京市社会矛盾指数研究情况与社会矛盾发生趋势预测年度报告(2015)》,中国社会科学网。

中，矛盾"共生性"是指不同类型矛盾共存于某一种矛盾之中。这与中国赶超型现代化发展道路中"压缩性"风险胶囊有直接的关联度。当现代化发展阶段压缩到较短的时间段内，现代化不同阶段就不能走完相对独立的分阶段，形成一种混合体，例如现代化起飞阶段、向成熟推进阶段和大众高消费阶段发展边界并不清晰，现代化起飞阶段的矛盾还没有处理完，就快速向成熟阶段推进，导致不同阶段的矛盾以一种矛盾"共生性"的状态存在。

不同矛盾类型的"共生性"状态，表现为一种矛盾中包含着生存型与发展型矛盾要素。社会保障领域的矛盾，既有低保、救助等不到位的生存型社会矛盾，也有企业与事业、机关退休养老金差距过大不公平的发展型矛盾，还有贪污、挪用、侵占低保救助资金的贪污腐败和干部作风问题。在环境污染冲突中，既有农村地区因为企业污染土地、水源等导致的危及生命健康的底线矛盾，又有城市因为兴建垃圾焚烧厂、PX项目等导致环境潜在风险的邻避型冲突。前者是水源、土地环境污染直接导致威胁利益受损主体的基本生存状态的矛盾，后者是为改善环境状况导致的发展型社会冲突。在收入分配矛盾中，既有市场经济资源配置下，不同资源禀赋差异导致正常的收入差距，还有权力寻租导致的分配不公，以及公共政策缺陷导致的垄断行业与其他行业收入不公平问题。在征地拆迁的矛盾中，既有补偿不到位导致的拆迁户受损的生存型矛盾，也有少数"钉子户"漫天要价寻求超额利益的发展型矛盾。在劳资冲突中，既有农民工欠薪导致的生存型问题，也有企业工人因为提高工资待遇、改善工作条件等权益的罢工等活动，后者属于发展型社会矛盾。

与矛盾"共生性"的"自在"状态相对应，矛盾主体也进行着相应的抗争手段的"共生性"的自为状态。抗争方式的"共生性"表现为抗争主体在同一类型矛盾抗争方式上使用不同的抗争手段。目前，中国抗争手段的"共生性"体现为同一类型矛盾中通常的三种抗争手段，一是游行、示威，甚至暴力冲突的打、砸、抢、烧等制度外手段；二是踩线而不越线的灰色手段，如中国各地为抗争PX项目等,采取的"集体散步"等手段;三是制度内的信访、司法诉讼等手段。目前,中国同一种类型社会矛盾抗争中,民众也分类运用不同手段,例如,在中国新型城镇化进程中表现出来的居高不下的征地拆迁矛盾,既有部分利益受损主体为争取合理补偿的信访、司法诉讼等方式,又有少数人为争取特殊利益的牟利性上访和要挟性上访,还有为了寻求利益补偿采取游行、围堵政府等非法手段。这导致政府处理社会矛盾的难度加大。

三 完善决胜阶段生存型与发展型矛盾的治理路径

(一) 共享发展理念:生存型矛盾与发展型矛盾的协同性治理

随着中国改革开放进入深水期、攻坚期和矛盾凸显期,矛盾要素的关系发生着深刻的变化,矛盾要素之间的整体性、关联性和协同性等特点增强,过去的单兵突进和零敲碎打的改革方式难以奏效。需要根据矛盾内在关联性变化,增强矛盾治理的整体性与协同性。在全面建成小康社会决胜阶段,生存型矛盾与发展型矛盾治理统一于实现全面建成小康社会发展目标中。

首先,从矛盾对立性上分析,趋同性治理的前提是客观承认生存型矛盾与发展型矛盾的差异性。生存型矛盾与发展型矛盾整体性治理,不是矛盾同步化解和矛盾趋同发展,而是在承认两种不同类型矛盾差异背景下,逐步缩小两个发展阶段中矛盾内涵的差距,实现矛盾协同性发展。我们要承认历史、地理、资源、体制等原因造就的生存型矛盾与发展型矛盾的差异性,这是中国经济社会区域发展历史的、客观的不平衡性造成的,前者处于温饱发展阶段的过去时,后者处于正在实现小康社会的现在时,人为拉平生存型与发展型阶段的同步进行,实现生存型矛盾与发展型矛盾的同步发展是不现实的。"我国幅员辽阔,各地发展差距较大,生产力发展水平多层次,不可能是'同一水平小康',各省区市甚至各市县的人均地区生产总值届时都同步达到全国平均水平也不现实。"①

其次,从矛盾统一性上分析,随着中国从生存型阶段向发展型阶段迈进,逐步缩小区域、领域、人口之间两种矛盾类型的差别,更加注重生存型与发展型矛盾的协同性治理。随着中国从温饱阶段向全面建成小康社会阶段迈进,中国发展战略需要从"让一部分人先富起来、让一部分地区先富起来"的差异性发展战略,转向在"共享"发展理念指导下的趋同性发展战略,重拾邓小平提出的"共同富裕"发展目标。全面建成小康社会决胜阶段生存型与发展型矛盾的协同性治理的关键在"全面",即覆盖的领域要全面;覆盖的人口要全面;覆盖的区域要全面。到2020年逐步在区域、人口、领域消除贫困地区生存型发展阶段及其矛盾,跨入整体性发展型矛盾发展阶段,此后逐步缩小发展型阶段的水平、内涵的差异,到"两个一百年"现代化目标实现时,实现城乡、区域、阶层发展型阶段内涵的趋同性发展。

(二) 分类治理:生存型矛盾与发展型矛盾

当前差异化治理对社会矛盾认识和治理需要整体性治理和精细化治理的同步进行,从矛盾宏观上,根据矛盾要素关联性需要矛盾治理的整体性;从矛盾微观上,根据矛盾要素的碎片化,需要从过去的粗放式治理走向精细化治理,矛盾精细化治理的一个维度就是在认识矛盾同一性时,进一步分析矛盾的特殊性,对不同矛盾类型进行分类治理。

把人民内部利益矛盾划分为生存型矛盾与发展型矛盾,有助于基于中国现代化发展阶段的客观变化与人民需求的内涵变化,做出符合矛盾客体与主体相统一的划分方式。生存型矛盾是人的生存状态基本需求与满足之间的矛盾,由此可能会带来对利益主体生存状态产生较

---

① 习近平:《关于协调推进"四个全面"战略布局论述摘编》,中央文献出版社2015年版,第34—35页。

为严重的潜在威胁。通过精准识别、精准扶贫和精准脱贫，实现贫困人口的整体脱贫，使其整体实现生存型阶段向发展型阶段的转型。对残疾、疾病等特殊人群进行"兜底性"社会保障，通过扶贫、救济、困难补助、最低生活保障等多重网络，保障其最基本生存状态，避免因个人的基本生活得不到保障，引起个人戾气而极端报复社会。同时，更要治理生存型矛盾化解中带来的衍生性社会矛盾，在扶贫等过程中，重点治理扶贫资金分配不公平、农村贫困户、低保户确认不准确、企业污染、小官巨贪等问题。

发展型矛盾是在满足人的基本生存状态下，产生的人的自身发展更高层次的矛盾，矛盾治理的广度和深度非生存型矛盾所能比拟，发展型矛盾治理必须从既要化解利益矛盾的维度，更要关注非经济利益矛盾治理，如人的公平正义、政治参与矛盾、文化多样化需求、教育、卫生、社会保障等公共服务需求、生态环境需求等矛盾。针对价值取向的矛盾，需要通过公平正义价值的制度安排，化解人们不公平感等社会心理；针对追求富裕型经济利益矛盾，需要通过协调、补偿机制来化解征地拆迁矛盾、企业社保缴纳矛盾、非法集资矛盾等；针对政治参与和利益诉求的矛盾，需要完善基层民主自治制度和利益诉求制度的供给，有效纾解参与型社会矛盾；针对医闹事件、企业社保缴纳不足、环境群体性事件等，需要加大公共服务均等化力度，有效化解民生问题引发的社会矛盾；针对腐败及政府不作为引发的社会矛盾，需要加大腐败的标本兼治力度、构建服务型政府等体制改革，化解政府自身改革滞后带来的社会矛盾。

（三）创新性治理：生存型与发展型矛盾治理体制机制系统性变革

中国共产党治国理政新理念中，创新是新发展理念中最根本的理念，创新不只是技术的创新，也包括治理理念和治理制度的创新。中国共产党及其政府在中国社会治理中处于枢纽地位，创新治理理念和模式是化解矛盾，提升治理能力的关键环节。

围绕从生存型阶段到发展型阶段人的主体需求内涵的变化，创新治理理念和治理模式的转变。客观条件的变化催生了人的主体需求内涵的变化，人的主体需求内涵变化是矛盾变化最活跃的因素。围绕着人的主体需求的广度和深度的变化，需要从生存型阶段向发展型阶段矛盾治理的系统性创新。包括矛盾治理理念、治理主体、治理方式、治理环节、治理策略、治理绩效评价等系统性创新。

面对生存型向发展型阶段转变，需要从生存型矛盾阶段的管理理念向发展型矛盾阶段的治理理念转变。顺应人的自身发展和政治参与能力提升，矛盾治理主体格局从"金字塔"形向"扁平化"格局转变，完善社会主体参与治理的多元治理主体格局。

面对从生存型矛盾到发展型矛盾的转变，要在完善矛盾治理的方式上，提升化解社会矛盾的法治思维和基本方式，改变过去行政、法治、民调等主次不分的局面。在矛盾治理策略上，要进行矛盾治理策略的系统性创新；在矛盾治理环节上，矛盾治理关口前移；从矛盾源头上完善社会风险评估机制；从基层矛盾发现与化解机制上，注重网格化管理体制机制的创新；在矛盾治理的手段上，从矛盾的粗放式治理向精细化治理转变；在矛盾分类处理机制上，注重诉访分离的机制完善；从矛盾治理绩效上，改变压力性维稳评价机制，注重矛盾化解机制评价作用。注重客观指标体系之外，加大民众的安全感和幸福感评价指标。在矛盾治理改革方面不能单兵突进地改革，需要整体性、系统性的集成创新，只有顺应生存型阶段向发展型阶段的转型，才能从根本上改变计划经济体制下的管理理念和体制机制，转变为市场经济体制下治理理念和体制机制创新，推进国家治理体系和治理能力现代化。

下 篇

利益关系均衡与中国特色社会主义完善

在开辟现代化多元发展模式中提升道路、理论和制度自信[*]

尽管资本主义崛起之后，以欧美为代表的发达资本主义国家长期以来成为世界现代化发展模式的主导范式，但人类社会发展规律和现代化发展模式从来都不是单一的，而是多元的。在不同制度体系的竞争中，资本主义和社会主义属于现代化发展中最有力的模式竞争，从制度内的竞争范围看，先有20世纪六七十年代的拉美依附论提出的进口替代发展模式，后有北欧的福利国家模式以及20世纪90年代的东亚模式崛起。

不同模式能够在竞争中赢得世界认同并被其他国家模仿的唯一出路是：在不同模式的竞争中取得相比较的优势，这种相比较优势可以从不同层面进行划分，但最主要的是从道路、理论和制度三个层面进行整体性的比较。道路自信主要是展示不同模式在现代化实践中"怎样发展"的问题，在经济、政治、文化、社会、生态的综合性绩效取得相比较的优势，是奠定整体自信的基础；理论自信主要展示不同发展模式中"实现什么样的发展"的问题，包括自身发展的世界观和方法论及其指导下发展实践的经验总结；制度自信主要展示发展模式的政治制度和体制结构，包括政体、国体结构及其领导下的政治绩效。

任何一种现代化发展模式都是其相比较整体性优势的自我认同。

---

[*] 原载《郑州大学学报》（哲学社会科学版）2014年第4期。

不同发展模式的比较需要共同的背景,人类社会进入资本主义社会后摆脱了各自孤立的发展模式,进入真正"世界历史"的背景下,这种"世界历史"背景下的发展模式被后来概括为现代化范式,现代化是概括人类近代以来社会变迁的最强势话语和研究范式。现代化理论从经典现代化理论向现代性转型,其内容纷繁庞杂,但现代化理论中最富有争议的是沿着现代化发展的价值观念、发展道路和制度层面三个维度逐步展开,即人类不同民族和不同国家现代化道路和模式是一元化还是多元化?现代化发展理念是西方中心论还是具有不同民族化特色?现代化模式的制度是"历史终结论"还是不同制度的竞争?

"中国模式"的崛起、热议和争议的深层价值在于:它从道路、理论和制度三个层面凸显了与西方现代化不同的发展模式,并在竞争中逐步显现其整体性的优势,从而展示了"中国模式"的道路、理论和制度自信。发展道路的自信体现在"中国模式"证实了现代化发展模式多样性的客观存在,否定了单线的历史发展观;理论自信体现在对"华盛顿共识"背后的"西方中心论"思维定式的批驳;制度自信体现在对苏联解体之后所谓"历史终结论"的有力回应。

一 "中国模式"在凸显世界现代化发展模式多元化中提升道路自信

道路自信是世界现代化不同发展模式自我认同的基础,从表面上看,不同发展模式的竞争是不同模式展示在现代化实践中"怎样发展"的问题,是经济、政治、文化、社会、生态的综合性绩效的竞争,但其背后深层次竞争意义在于:世界不同国家和民族走向现代化模式是一元化的还是多元化发展道路。

经典现代化理论中的一元发展道路是基于"西方中心论"为基础的单线历史观形成的,单线历史观起源于法国大革命后的市民社会,就是自然主义的历史观。自然主义历史观认为"落后的社会和先进的社会在时间轴上保持着同一的历史方向，处于一前一后的关系"①。以自然主义历史观为方法论的现代化理论认为，第三世界国家要想获得发展，就应当沿袭发达国家的做法，搞旧式的资本积累。

经典现代化学者在构建现代化阶段理论中，大多包含着"线性"发展思想，描绘了由低到高的单线发展路径。罗斯托著名的经济增长五个阶段模型，把不同国家比喻成在一条轨道上行驶的电车，被批评为"完全地是线性的、目的论的和非历史的发展观，并非每个国家都需经过这些阶段，比如美国就没有经过传统社会阶段"②。布莱克把世界各国的现代化区分为七种模式，七种模式的划分方法也保留着"单线论"的观点，是一种典型的现代化发展阶段的排队。

关于马克思主义经典作家有关现代社会发展道路的论断一直存在着争议，马克思关于现代社会发展进程研究的方法论显然与西方现代化理论的方法论有所不同。西方现代化主流理论是渐进的社会进化论和单线的自然历史观，而马克思主义经典作家是唯物史观和激进的社会革命理论。尽管马克思曾经提示过"大体说来，亚细亚的、古希腊罗马的、封建的和现代资产阶级的生产方式可以看做是社会经济形态演进的几个时代"③，但他并没有把五种生产方式作为不同民族社会发展必然顺序的公式，持客观态度的非马克思主义学者也看到这一点，日本学者荻野佑三评论说："从马克思主义的历史发展图式来看，确实是由古代到现代的连续，但他却提示了另一种状态，即在经济发展的同时，随着社会结构的矛盾激化（如阶级斗争），历史不得不发生某些转变，就是连续的中断现象。"④

斯大林曲解了马克思的社会发展观，在《论辩证唯物主义和历史唯物主义》中明确提出"历史上有五种基本类型的生产关系：原始

---

① [美] 塞缪尔·亨廷顿等：《现代化：理论与历史经验的再探讨》，罗荣渠译，上海译文出版社 1993 年版，第 126 页。
② 尹保云：《什么是现代化——概念与范式的探讨》，人民出版社 2001 年版，第 191 页。
③ 《马克思恩格斯选集》第二卷，人民出版社 2012 年版，第 3 页。
④ [美] 塞缪尔·亨廷顿等：《现代化：理论与历史经验的再探讨》，罗荣渠译，上海译文出版社 1993 年版，第 128 页。

公社制的、奴隶占有制的、封建制的、资本主义的、社会主义的"①。此后五种生产方式的单线发展图被当作马克思关于人类社会发展观的基础和公式。事实上，马克思晚年对东方社会发展道路的探索，就不同于对西方社会发展道路的结果。斯大林的这一曲解，把马克思对人类社会发展规律的探讨引向了狭窄的胡同。

西方现代化理论中的单线发展观，不仅引起了马克思主义学者的批判，而且也遭到了西方非主流的德意志历史观的批判。德意志历史主义观认为"无论是什么样的社会，不管它处于什么样的历史发展阶段，都具有其作为历史的个体而存在的理由"②。这种方法论用于观察社会时提出了发达国家与发展中国家处于一种彼此隔断的关系，"隔断模式"与单线历史观提出的"连续模式"相对立。

第二次世界大战后，对西方一元发展道路构成最大挑战的就是苏联模式，苏联模式中的计划经济体制、高度政治集权和马克思主义意识形态等内容均和以美国为代表的发展模式针锋相对，美苏两国争霸就是两种发展模式优劣的较量，以便吸引更多发展中国家效仿自己的发展模式。20世纪90年代初，苏联模式随着苏东解体烟消云散。对美国模式构成另一挑战的拉美依附论提出的进口替代发展战略也陷入困境。

除此之外，资本主义内部在现代化发展道路上也对美国的一元发展道路构成挑战。第二次世界大战后，以北欧为代表形成了和美国新自由主义经济模式相异的民主社会主义发展模式，也被称为福利国家制度模式。这一模式建立在生产力高度发达基础上，生产资料所有制形式为混合所有，以高福利、高税收为公共政策取向，以混合经济、福利国家、充分就业、社会合作为特征的经济社会发展模式。民主社会主义发展模式和美英为代表的新自由主义经济模式在理论基础、发展模式等方面存在着一定的差异，但这一模式20世纪70年代后也受

---

① 《斯大林文选》（1934—1952），人民出版社1962年版，第199页。
② [美] 塞缪尔·亨廷顿等：《现代化：理论与历史经验的再探讨》，罗荣渠译，上海译文出版社1993年版，第126页。

到高福利和低效率的困扰,在和新自由主义经济模式相比较中处于劣势。

20世纪八九十年代,"东亚模式"在资本主义体系内部不同于美国新自由主义模式而引人注目,这种"鲜明地向世人展示了迄今为止倡导西欧中心主义的诸种现代化理论和依附理论难以诠释的现代化理论"①,以政府主导型的经济发展模式、政治上的权威主义和文化的团体主义为主要内容,这些都显示出它和美国新自由主义发展模式的差异。1997年的亚洲金融危机使创造世界经济增长奇迹的日本、韩国等经济体陷入对外贸易严重下滑、对外投资大幅缩水、增长速度显著放缓的窘局,传统的"东亚模式"至此也遭受巨大挑战。

进入21世纪,美国新自由主义发展模式咄咄逼人,世界上主要的现代化发展模式或不复存在,或者身陷泥潭和困扰,唯一对新自由主义发展模式构成挑战的就是"中国模式"。此时,"中国模式"的经济高速增长30年,特别是美国金融危机爆发以来,中国发展模式的魅力与美国新自由主义模式的弊端在比较中更加分明,特别是在以拉美为代表的发展中国家中模仿"华盛顿共识"的失败,推动着国际社会反思现有发展模式,关注非西方社会创造的经验。"中国模式"对世界的吸引力,特别是吸引发展中国家持更加肯定和赞赏的态度,成为和美国相抗衡的另外一个吸引中心,更加展示出一个发展中国家完全可以从自己的国情出发,通过非资本主义现代化的途径,实现国家和社会现代化的目标。

西方大部分学者从过去对中国所持的偏见到对中国发展模式的客观和肯定评价,背后显示的是以美国为代表的西方国家不再把它们的新自由经济模式作为世界唯一的完美发展模式。"中国模式"的兴起和"华盛顿共识"的衰退只是两种发展模式比较的直接效应,它的深层次意义在于:如果"华盛顿共识"曾经被认为是普遍适用的,

---

① 罗荣渠、董正华:《东亚现代化:新模式与新经验》,北京大学出版社1997年版,第32页。

"中国模式"生成带来的可能是一种全新的思维、一种深层次的范式变化,一种西方现代化理论和话语还无法解释的新认知。它回应了贯穿世界现代化发展中面临的一些根本性的挑战和深层次问题,发展中国家能否根据自己的传统性和民族性,把现代化中的现代性有机结合起来,走出一条非西方的现代化发展道路和模式。

二 "中国模式"在反驳现代化理论"西方中心论"思维定式中提升了理论自信

理论自信主要展示不同发展模式中"实现什么样的发展"的问题,表面上看是对不同发展模式实践经验的总结,其背后隐含着不同模式发展的世界观和方法论。其争议的焦点是发展中国家能否依据在自己发展模式基础上,建立自己的主流价值体系和发展理念。

不同发展模式的比较需要共同的背景,人类社会进入资本主义社会后摆脱了各自孤立的发展模式,进入真正"世界历史"的背景下,这种"世界历史"背景下的发展模式被概括为现代化范式,这是概括人类近代以来社会变迁的最强势话语和研究范式。人类对现代化过程研究的理论化明显滞后于实践过程,较为完整的现代化理论体系的真正构建,是在20世纪五六十年代以美国为中心兴起的经典现代化理论,此后,它逐步成为西方研究近代以来社会变迁的主流学派。

从经典现代化研究内容看,其理论体系是庞杂繁芜的,理论核心是依据西方的现代化经验,建立完整的概念和范式。20世纪五六十年代经典现代化理论兴起之时,以美国为首的西方发达资本主义国家已经完成了现代化的过程,开始步入"后现代化时代"。此时,经典现代化理论的兴起不单是对西方现代化历史过程和经验的总结,"人们关心的决不是史学课题,而是由对现在事件的兴趣所产生的理论构建"[1]。主要是通过现代化理论经验总结,"力图把新兴民族独立国家

---

[1] [日]富永健一:《现代化理论今日之课题》,《国外社会科学》1963年第4期。

的现代化引向'西化'甚至'美国化'的轨道"①。

经典现代化理论是以"西方中心论"为出发点进行理论构建,主要体现在两个方面:一是把西方的现代化发展经验作为现代化理论构建的唯一"材料",特别是把美国的经验作为经典现代化理论的最新实证。西方经历了从早期现代化理论到经典现代化理论方法论构建内在缺陷的连续性。早期现代化理论构建者滕尼斯在《村社与社会》中对西欧社会从礼俗社会向法理社会转变的论述,就是把从西欧历史事件中抽出来的经验加以一般化。马克斯·韦伯在构建现代性时说:"我们今天承认的达到'普遍适当的'发展阶段的'科学',只存在于西方。"② 在韦伯看来,现代化的命题是不可能一般化到非西方以外的社会,是西方所特有的。经典现代化理论思维把西欧中心论转移为美国中心论,现代化过程不仅是西方化,实质就是美国化,这种转变反映出资本主义中心从西欧转移到美国。

经典现代化的研究方式,如传统与现代的二分法也反映出这种思维模式,这里的现代标本就是美国社会,而把非西方国家看作传统社会,现代化被解释为西化或美国化,"它首先从西方社会的一般形象中获得'现代性'的属性,然后又把对这些属性的获得设想为现代化的标准。……现代化理论家试图把历史上产生于西方社会的特殊价值观和制度普遍化"③。不仅是马克思主义学者,甚至是非马克思主义的学者也看到了美国现代化理论方法论中的价值缺陷,西方现代化理论把美国现代化模式作为人类社会发展的理想范本,这种"西方中心论"思维方式是经典现代化理论构建的内在缺陷。

二是把西方发展经验和道路作为发展中国家走向现代化效仿的样本和目标。美国著名现代化学者帕森斯认为"现代社会只有一个体

---

① 罗荣渠:《现代化新论》,商务印书馆2004年版,第25页。
② [德]马克斯·韦伯:《经济与社会》,林荣远译,商务印书馆1997年版,第246页。
③ [美]西里尔·E.布莱克:《比较现代化》,杨豫、陈祖洲译,上海译文出版社1996年版,第256页。

系，那就是以美国为领导的西方社会体系；并把美国安排在人类社会进步的最高层次，吹嘘为现代化的典范"[1]。经典现代化理论研究者致力于把美国的发展模式和价值作为发展中国家未来发展的蓝本和目标，认为发展中国家"广泛接受这些目标也意味着接受一种美好的理想：富裕、公正、民主、有秩序、自己完全掌握自己的事物，简言之，酷似西欧北美已经建立的社会"[2]。由于不顾发展中国家的国情、历史经验和文化状况，以美国为首的西方国家对发展中国家的"援助"，并没有使他们走向富裕、民主、有秩序等发展目标，相反，20世纪50—70年代发展中国家相继出现经济衰退、政治动乱和社会腐败等现象，这种现象引起了现代化研究者的普遍反思。

无论是经典的现代化理论还是"华盛顿共识"都是把以美国为首的西方发展模式作为人类社会从前资本主义社会向现代社会过渡的最佳途径。除苏联模式及其社会主义发展理论对美国为首的西方现代化理论构成最强有力的挑战之外，20世纪70年代，拉丁美洲激进主义思潮的依附理论是发展中国家对西方经典现代化理论的主要思想批判武器。以A. G. 弗兰克为代表的依附论认为，发达国家的发展是他们剥削殖民地的结果，即使今天，他们与发展中国家之间的交流越多，其剥削越重，而这不是发展。从这个意义上讲，以拉丁美洲为代表的学者认为，发达国家不再是发展中国家所应追赶的目标，而是被批判的对象，发展中国家应该走"边缘—中心"脱钩的发展道路。

20世纪70年代，以美国为首的西方发展模式在经济上遇到"滞涨"现象、石油危机和国内社会运动等现象，"这一连串危机促使人们从仅仅关心传统社会的现代化过程，开始转向逐一分析发达国家的病理现象"[3]，发展中国家由过去把美国现代化模式作为完美样本的

---

[1] 蔡文辉：《"美国第一"——帕森斯的社会进化论》，《比较社会学》1982年第4期。

[2] 沈云锁、陈先奎：《中国模式论》，人民出版社2007年版，第333页。

[3] 俞可平等：《中国模式与北京共识——超越华盛顿共识》，社会科学文献出版社2006年版，第123页。

信心开始动摇。20世纪80年代后，随着美国综合国力的增强，"华盛顿共识"的出台标志着西方经典现代化理论遭受批判之后的西方中心论的思维模式又开始出现，不过，美国逐步改变其推销美国的经济社会发展模式的路径，开始把民主、人权等所谓普世价值观念作为其演变社会主义制度、吸引发展中国家的主渠道，到处推行自己的社会模式和价值观。尽管从经典现代化理论到"华盛顿共识"出台，美国社会主流理论经历了从凯恩斯国家干预理论到新自由主义的转换，从经典现代化的"西方中心论"到后现代化时期的"普世价值观"，"华盛顿共识"的普世价值观仍然是经典现代化理论中"西方中心论"思维模式的延续和翻版，其背后隐含着美国第一的思维模式和方法论，"华盛顿共识"和经典现代化理论构建的内在缺陷是相通的。

"中国模式"的提出和"中国模式"的热论者都来自美国等西方国家，表明"中国模式"在外部得到了一定的认同。这种认同标志着美国自身认为其发展模式存在着缺陷，现代化的经验可以来自西方以外的地区，它反映出美国经济模式缺陷和经济地位的衰落，其背后是西方中心论价值理念和思维方式的被迫变迁。

三 "中国模式"在挑战了西方的"历史终结"论中提升制度自信

国外学者在论及"中国模式"时，无论是从"中国模式"概念本身还是西方学者对"中国模式"特点的剖析，均出现有意或无意忽视"中国模式"的制度层面，例如，"北京共识"的倡导者雷默就提出"北京共识的核心就是一个国家按照自身的特点进行发展，它包括三个定理：艰苦努力、主动创新和大胆试验，坚决捍卫国家主权和利益，循序渐进、积累能量"[①]。西方其他学者在探讨"中国模式"

---

① 王绍光：《坚持方向、探索道路：中国社会主义实践六十年》，中国社会科学出版社2009年版，第5页。

时，对其具体内涵会出现分歧，他们的共同特点是把"中国模式"的探讨局限在经济模式的范围，显示出他们对社会主义制度和意识形态的回避。

这一回避心态使外国学者不能全面看待"中国模式"构成的制度内涵，"模式主要指体制，但又不可避免地具有制度的属性，不存在可以脱离具体社会制度的抽象的体制模式"①。所以，"中国模式"首先是指中国特色社会主义模式，它理所应当包括中国特色社会主义理论、中国特色社会主义道路和中国特色社会主义制度"三位一体"，"中国特色社会主义道路是实现途径，中国特色社会主义理论体系是行动指南，中国特色社会主义制度是根本保障，三者统一于中国特色社会主义伟大实践"②。离开制度层面谈论"中国模式"只能是片面看待"中国模式"。

新自由主义模式不仅是经济发展模式，更和美国的制度层面和自由主义思潮密不可分，如果说美国新自由主义模式外在表现为经济社会层面，其内在就是资本主义制度层面的支持和自由主义价值观念的引领。"中国模式"之所以引起西方如此多的关注，不仅仅在于它引导中国经济持续高速增长和应对世界金融危机的能力，更在于它的社会主义制度层面和价值理念。西方对"中国模式"的认同和疑虑呈现一种自我悖论，较多地认可"中国模式"中的经济发展经验，而对中国政治制度模式予以否认。美国智库企业研究所在总结"中国模式"时概括为一个简单的方式：经济自由加上政治压制。这种分歧也表现在国家战略层面，美国对中国在金融危机中的表现给予肯定和赞赏，而在人权、民主等方面经常横加指责。

现代化是现代性在物质的、制度的、观念的三个层面的增加和扩展，不同国家和民族形成不同的现代化道路和模式也是三个层面的相互渗透。不同国家对不同发展模式中物质层面的发展经验的认同比较

---

① 郑永年：《国际发展格局中的中国模式》，中国社会科学出版社2009年版，第5页。
② 《中国共产党第十八次全国代表大会文件汇编》，人民出版社2012年版，第12页。

容易，但对于制度层面和观念层面的认同形成较大的阻力。美国在20世纪30年代的经济危机中，实施凯恩斯的国家干预理论，显然是从社会主义计划经济模式中汲取有利于自己的因素，但他对社会主义制度和价值观念则从来没有表示过认同。同样，发展中国家在学习西方现代性时也出现了同样的挑战，发展中国家学习西方现代性时呈现出从物质层面到制度层面再到观念层面的顺序演进的路径。

这种制度和意识形态的偏见使西方在观察中国现代化进程时常常失去偏差。中国改革开放初期的20世纪80年代，西方社会对中国是一片赞扬之声，认为改革开放会使中国很快演变成为另一个西方式国家，20世纪80年代末和90年代初，苏联解体、东欧剧变致使西方对中国特色社会主义制度发生180度的大转弯，用经济制裁等手段让中国也步苏联和东欧的后尘，彻底放弃社会主义。在西方乐观预测"历史的终结"即将实现时，中国社会主义道路越走越宽广。此后，"中国崩溃论"和"中国威胁论"在西方轮番出现。这一时期，中国共产党始终遵照邓小平的决不当头、有所作为的方针，最重要的还是把自己的事情做好，致力于国内的经济社会建设。与西方热炒"中国模式"浪潮相比较，中国国内专注于中国特色社会主义道路和理论的开辟与制度的完善。"冷战"结束后，引起西方学者对"中国模式"谈论有增无减的深层次原因，"如果说'中国模式'对发展中国家来说更多的是发展经验问题，那么对西方国家尤其是美国来说则更多的是一种价值问题。对很多西方人来说，'中国模式'就是对西方价值的挑战和竞争"[①]。

瑞典模式和东亚模式是在资本主义制度层面认同下的不同现代化发展模式，它们之间的分歧侧重于经济发展模式的差异，具体在于政府—社会—市场之间关系的不同。"中国模式"和"华盛顿共识"呈现出一种全方位的差异，最根本在于制度层面和价值观念的不同。苏联解体之后，当时的美国国务院顾问弗朗西斯·福山就抛出了颇受争

---

① 《美国专家眼中的"中国模式"》，《新华月报》2009年第10期。

议的"历史终结论",认为西方实行的自由民主制度是"人类社会形态进步的终点"和"人类最后一种统治形式",不同意识形态和社会制度之间相互竞争的历史已经结束了,全世界都将拥抱西方的政治制度。

以美国为代表的西方国家最担心的还是中国通过不懈努力,快速实现社会主义现代化的目标。一旦这一目标理想成为现实,中国特色社会主义的实践就将雄辩地证明,人类社会的历史并非只有资本主义一个途径,将增强社会主义对发展中国家的吸引力,使更多的发展中国家走向非资本主义发展道路,重新唤起社会主义的吸引和振兴。"历史终结"的预言将宣告彻底失灵,国际力量对比将发生有利于社会主义发展的变化,这是对资本主义世界最具杀伤力的武器,也是西方对"中国模式"格外关注的最深层原因。

中国现代化"并联式"发展道路的新特征分析*

——以西方发达国家"串联式"发展道路为参照系

中国特色社会主义进入新时代，新时代内涵既包括中国特色社会主义历史方位的中国向度，又蕴含中国特色社会主义的世界意义。党的十九大报告用"三个意味"阐述了"进入新时代在中华人民共和国发展史、中华民族发展史，在世界社会主义发展史、人类社会发展史上的重大意义"①。其中，关于新时代中国特色社会主义的世界意义提出了，"拓展了发展中国家走向现代化的途径，给世界上那些既希望加快发展又希望保持自身独立性的国家和民族提供了全新选择，为解决人类问题贡献了中国智慧和中国方案"②。中国特色现代化发展道路特征的维度是多元化的，其中，在现代化发展道路特征的次序性上，中国现代化发展道路呈现出"并联式"的特征，与西方现代化道路的"串联式"特征相比存在较大差异。

并联式与串联式现代化发展道路是习近平基于世界现代化多样性的视野，凸显中国现代化发展道路自身特色而提出的一对描述发展特征的新的概念范畴。"我国现代化同西方发达国家有很大不同。西方

---

* 原载《湖北行政学院学报》2018 年第 6 期。

① 胡振良、马蒙：《新时代中国特色社会主义的国际意蕴与世界意义》，《当代世界》2017 年第 11 期。

② 习近平：《决胜全面建成小康社会 夺取新时代中国特色社会主义伟大胜利》，人民出版社 2017 年版，第 12 页。

发达国家是一个'串联式'的发展过程，工业化、城镇化、农业现代化、信息化顺序发展，发展到目前水平用了二百多年时间。我们要后来居上，把'失去的二百年'找回来，决定了我国发展必然是一个'并联式'的过程，工业化、信息化、城镇化、农业现代化是叠加发展的"①。这一新的概念范畴从现代化发展过程的次序性视野，重新认识中国现代化发展道路的中国特色，把现代化西方发达国家世界视野的"串联式"与中国社会主义现代化"并联式"特色有机联系和相互比较，从更为宽广的世界视野和更具深邃内涵的中国特色，来分析中国现代化发展道路的新特征，为世界现代化发展道路多样性提供了中国智慧、中国方案。

一 "并联式"与"串联式"现代化发展道路的特异性特征比较

自人类社会启动从农业社会向工业社会转型的现代化大潮之后，世界所有国家都先后被纳入现代化发展道路中。由于现代化启动时间、背景、自身国情、国际形势等不同因素，世界先后形成不同的现代化发展道路。这些不同的现代化发展道路经过长时间的实践检验，淘汰了不成熟的发展经验，凝练成不同的发展模式，世界的内生早发型欧美现代化单一模式逐渐走向多样性现代化发展模式。"共同形态的现代生产力作用于不同的社会结构与文化传统，在不同国际条件下，形成具有不同特点的生产方式、交换方式和权力结构形式，聚合成为新的多样化发展模式——现代化模式。"②

现代化发展模式是现代化道路发展到一定阶段内涵要素定型的产物，同时，现代化发展道路又体现出不同发展模式的内涵特征，如果说现代化道路体现出现代性的动态变动，现代化模式则体现出现代性

---

① 《习近平关于社会主义经济建设论述摘编》，中央文献出版社2017年版，第12页。
② 罗荣渠：《现代化新论》，北京大学出版社1993年版，第150页。

要素的相对固定化。现代化发展道路与现代化发展模式之间相互关系的特征表现为:"可变性与相对稳定性统一;历时性与未来性统一;渐进性与飞跃性统一;具体性与整体性统一。"① 但是对动态现代化发展道路及静态现代化发展模式的划分结果仍然没有达成共识,例如存在单一性与多元性划分标准的分歧,也有区分内涵维度的差异性,这与划分理念、方法、内涵等的多样化有直接关系。

从现代化发展道路或模式的单一性标准分析,较有影响的代表性观点有:巴林顿·摩尔在《民主与专制的社会起源》中,依据政治发展道路提出了英美法的"暴力革命+改良主义"渐进式、德日的"改良主义+法西斯主义+改良主义"曲折式、以俄国为代表的"农民暴力革命+极权(或集权)主义"的三种政治现代化模式或道路,② 这是依据现代化政治发展道路进行的区分。从现代化发生动力来源看,世界现代化区分为早生内源性和后发外源性道路;从现代化变迁方式看,钱乘旦先生将世界现代化划分为:渐进发展式、跳跃发展式、被动发展式和复杂发展式;③ 从社会思潮维度看,有华盛顿共识的新自由主义模式和北京共识的"中国模式"或中国道路之分。

从现代化发展道路或模式的复合性划分标准分析,较有代表性的观点有:布莱克在《现代化的动力》中,依据政治权力转移方式等五项标准,将世界现代化划分为七种模式;④ 罗荣渠先生依据经济形态并结合经济运行机制和权力结构的综合标准,把世界现代化类型划分为:西方资本主义现代化模式、苏式社会主义现代化模式和混合式现代化模式,⑤ 后在《现代化新论续篇》著作中,增补第四种模式,

---

① 孙鼎国:《三种现代化发展模式比较研究与借鉴》,《中共中央党校学报》1999年第1期。
② [美]巴林顿·摩尔:《民主与专制的社会起源》,王茁、顾洁译,华夏出版社1987年版,第68页。
③ 钱乘旦等:《世界现代化进程》,南京大学出版社1997年版,第109页。
④ [美]C. E. 布莱克:《现代化的动力:一个比较史的研究》,景跃进译,浙江人民出版社1989年版,第97页。
⑤ 罗荣渠:《现代化新论》,北京大学出版社1993年版,第150页。

即东亚现代化模式;① 从现代化发展道路的内涵特征差异性看,中国科学院现代化研究中心将国家现代化路径分为:第一次现代化、第二次现代化和综合现代化。

现代化发展道路的研究视角是多样的,其中,"并联式"与"串联式"作为一对描述世界现代化不同发展模式和道路的矛盾统一体,虽然仅从现代化发展过程的次序性来区分的,但发展道路次序性背后隐含着不同现代化道路或模式的系统性要素差异。与发展道路次序性关联性较强的变量有:发展理念、时间维度、发展速度、发展动力、发展任务等。

第一,在发展理念上,现代化"并联式"发展道路属于赶超型发展理念,"串联式"则属于有序发展理念。第一批步入现代化发展进程的欧美国家属于"串联式"发展道路,欧美国家基于自身经济、政治和文化等现代性要素的嬗变,没有来自其他已经完成现代化国家的外部压力,在其内部矛盾要素的推动下,按自身规律有序发展,现代化进程中不同阶段的特征十分明显,如罗斯托提出现代社会演进的五个阶段:传统社会、为起飞创造前提条件、起飞、向成熟推进和高额大众消费,② 后期罗斯托将"追求生活质量"补充为第六个阶段,六个发展阶段的每一个阶段边界清晰、相互衔接。作为后发型现代化国家,中国和大多数发展中国家在现代化发展理念上,都选择了赶超型发展理念。只有在赶超型发展理念指导下利用后发优势,才能缩短与发达国家的发展差距,实现弯道超车,否则,只能亦步亦趋,步发达国家的后尘。在赶超型发展理念的支配下,"并联式"发展道路的不同发展阶段发展时间压缩、发展任务合并成为必然。

第二,在发展时间维度上,现代化"并联式"发展道路呈现时间跨度的急剧压缩性。"串联式"国家现代化发展道路,大多经历了150—300 年的时间跨度。如英国资产阶级革命开始于 17 世纪中叶,

---

① 罗荣渠:《现代化新论续篇》,北京大学出版社 1997 年版,第 69—70 页。
② [美] 罗托斯:《经济成长的阶段》,国际关系研究所编译室译,商务印书馆 1962 年版,第 84 页。

完成于20世纪初期，历经约250年；法国现代化道路从1789年大革命开始到20世纪中叶完成，历经近170年；美国的现代化道路从1776年独立到20世纪30年代完成，历经约150年。中国作为"并联式"发展道路的典型代表，其现代化道路从洋务运动后启动，但是在1949年之前屡次因殖民化、半殖民化或革命化而遭受战争侵扰而中断。

中国真正完整的现代化道路是从1949年中华人民共和国成立后开始重新启动，现代化发展道路的时间跨度为1949—2049年，中国将用100年时间实现社会主义现代化。中国实现社会主义现代化发展道路所用时间只是英国的1/3、法国的7/10、美国的3/5。急剧缩短的现代化时间，一方面使中国利用后发优势，更快地缩短和接近西方发达国家的现代化水平；另一方面，也导致中国现代化发展道路中不同发展阶段发展任务的叠加。

第三，在发展动力维度上，"并联式"发展道路大多属于后发外源性，"串联式"发展道路大多属于早生内源性。"串联式"发展道路是由"社会自身力量产生的内部创新，经历漫长过程的社会变革道路，又称内源性变迁，其外来影响居于次要地位。'并联式'发展道路是外源或外诱的现代化，是在国际环境影响下，社会受外部冲击而引起的内部思想、政治变革并进而推进经济变革的道路，又称外诱变迁，其内部创新居于次要地位"[①]。

现代化并联式发展道路属于汤因比提出的"挑战—迎战"模式或费正清提出的"冲击—反应"模式，早期是在民族国家面临殖民或半殖民的生存危机状态下，后期是独立后现代民族国家遭受发达国家经济或政治压迫下，做出的被迫纳入、模仿现代化道路反应。其现代化内生动力往往不足，只有从"冲击—反应"转换为对现代性自觉觉醒和接纳，才可能由外部压迫性变迁转变为内生性改革，为现代化发展道路提供源源不断的动力。

---

① 罗荣渠：《现代化新论》，北京大学出版社1993年版，第123页。

第四,在现代化发展速度上,"并联式"发展道路表现为快速变革的创新性巨变或传导性巨变;"串联式"发展道路为渐进性变革的渐进性微变或突发性微变。"并联式"发展道路的国家选择赶超型发展战略,现代化进程被急剧压缩在特定时间段,各个发展阶段急剧缩短,不同发展任务相互叠加。"并联式"国家发展道路往往是政府(政党)主导的自上而下、急剧的变革过程,包括经济快速发展、传统文化革新、政治现代化变革等,革命或改革成为现代化发展动力的主要构成。与此相反,"串联式"国家的现代化发展道路,是一个自发的、自下而上、渐进式的变革过程。

第五,在现代化发展任务的次序性上,"并联式"往往呈现出不同时期发展任务的叠加性,"串联式"发展次序则表现为不同发展阶段发展任务的单一性。"并联式"现代化发展道路因为时间压缩,导致传统社会、为起飞创造前提条件、起飞、向成熟推进、高额大众消费、追求生活质量六个发展阶段的任务并不充分完成,就继续向下一个阶段迈进,不同发展阶段的任务叠加在一起导致"并联式"现代化发展道路任务繁重。"串联式"现代化发展道路的国家,每一个发展阶段的时间较长,按照自身内因推动自主向前发展,每一阶段发展跨度受市场、科技革命等因素影响较大,政府干预力量较小,其每一阶段发展任务边界清晰,不同时期发展任务单一性突出。

二 中国现代化"并联式"发展道路特征的新内涵

中华人民共和国成立后,中国社会主义现代化进程被压缩到100年左右。特别是中国确立赶超型现代化发展战略,不可能像西方发达国家那样按部就班地实施发展战略,改革开放后中国特色社会主义现代化"三步走"发展战略,要实现西方几百年时间完成的现代化任务,因此,现代化进程中经济快速增长、政治民主化、社会结构转型、传统文化现代化、生态文明建设等不同任务,均被压缩在特定时间内完成,由此带来不同于西方发达国家"串联式"发展道路,形成具有中国特色的"并联式"现代化发展道路。

"在先发国家那里,由传统社会向现代社会的转型是用了一个或两个世纪的时间才完成的。与之不同的是,中国社会要在一个相对较短的时间内完成这样两种转型。时间紧,任务重,巨量的历史任务就这样被挤压在中国数十年的时间当中,势必会造成多种多样的社会矛盾。"[1] 现代化"并联式"发展道路作为一把双刃剑,既存在着利用后发优势,快速缩短现代化时间赶超实现现代化;同时,也增加了现代化的风险和代价,处理不好,可能陷入发展中国家的"中等收入陷阱",出现现代化受阻、衰败甚至崩溃。

(一)"并联式"发展道路使中国利用后发效应实现弯道超车

"并联式"发展道路导致中国社会主义现代化建设出现了诸多新特征,最集中的体现和最突出的特点是赶超型现代化发展战略。"正是这种以历史'跳跃'方式而出现的'压缩式'现代化,自然孕育了追赶型、非均衡现代化发展战略的强烈需求。"[2] 中国"并联式"发展道路可以从时间压缩、发展速度高速、弯道超车等不同方面展现赶超型现代化发展战略的具体特征。

首先,"并联式"发展道路明显缩短了中国现代化发展时间。中国作为一个超大型国家,传统文化深厚,社会结构复杂,区域发展不均衡,具有世界各国走向现代化道路最复杂的要素结构,如果中国成功实现现代化,将为世界其他赶超型发展中国家提供无可比拟的样本和示范效应。

其次,"并联式"发展道路明显提升了中国现代化发展速度。从改革开放初期"发展是硬道理"到后来"发展是执政兴国第一要

---

[1] 吴忠民:《中国现阶段社会矛盾凸显的原因分析》,《马克思主义与现实》2013年第6期。

[2] 黄建洪:《现代化进程中的政府能力发展:一般规律与中国选择》,《社会科学研究》2010年第4期。

务",最后无不落实到发展的速度上。"对于我们这样发展中的大国来说,经济要发展得快一点,不可能总是那么平平静静、稳稳当当。要注意经济稳定、协调地发展,但稳定和协调也是相对的,不是绝对的。发展才是硬道理。"① 国家统计局公布,中国改革开放后1978—2013年经济增速达9.8%,高速增长的时间跨度短于日本和亚洲四小龙腾飞的时间,速度却超过了它们,创造了后发现代化国家经济高速增长奇迹。

最后,"并联式"发展道路可以利用后发优势实现弯道超车。"弯道超车"原指赛车竞技比赛中,遇到弯道减速时超过对手,后被赋予一个国家利用某种经济、政治、文化等潜在优势,在发展的关键点超越对方。中国现代化发展进程中,可以有效利用中国共产党领导的政治优势、社会主义制度办大事的制度优势、人口红利等后发优势,可以利用信息技术革命,特别是互联网、大数据等信息技术,实现传统工业化和后工业化的对接,提升中国工业化的质量和水平。总之,在新的科技革命浪潮下,中国可以利用后发优势,在经济、科技发展的关键拐点,实现弯道超车,成功转变为世界现代化强国。

(二)现代化"并联式"发展道路导致不同阶段发展任务"共时性"并存

由于中国"并联式"现代化发展道路,现代化发展中的每个步骤在时间上都被急剧压缩,当上一个阶段的发展任务还没有完全完成时,就要进入下一个发展阶段,这样原来相互衔接而有所区分的不同发展阶段和不同发展任务被压缩在共同的某个阶段,形成不同发展阶段中不同发展任务的叠加状态。当今世界现代化进程主要经历了农业社会、工业社会和后工业社会三种社会形态,经历了农业现代化、工业化、城镇化和信息化四个不同发展任务。西方现代化的三个社会形态和四项发展任

---

① 《邓小平文选》第3卷,人民出版社1993年版,第377页。

务经历了200多年，四个不同发展任务界限相对分明而又相互衔接，即从农业现代化起步，经历工业化过程，再到城镇化，完成现代化任务，最后进入后现代化或后工业化时代实现信息化。

中国完成国家独立的时间长达100余年（1840—1949），真正现代化腾飞时间是从1956年开始的，预计2050年完成，将历经近100年，这100年间中国要实现三个经济社会形态的转型和现代化四项发展任务。每一个经济社会形态转型平均只有30年时间，完成每一项发展任务平均只有20年时间。而中国是一个超大型人口国家和历史文化悠久的国家，走完每一个发展阶段和完成每一项发展任务都比西方发达国家艰巨很多。中国现代化腾飞时期，农业现代化还没有实现就进入了工业化时期；工业化还处在中期，就迎来了新型城镇化任务；现代化任务还没有完成，西方以互联网为代表的信息化浪潮又扑面而来，形成了农业现代化、工业化、城镇化和信息化"四化"发展共存于21世纪上半叶的中国。

中国现代化研究中心把世界现代化发展路径分为"第一次现代化"和"第二次现代化"两个阶段。西方先实现从农业文明向工业文明转型的第一次现代化，然后，再完成从工业文明向信息文明转型的第二次现代化。中国现代化发展路径与西方先发现代化国家不同，是把第一次现代化和第二次现代化两步并做一步走，"中国借助后发优势，已经从农业社会演进到工业化后期社会，形成工业化和信息化并进、第一次现代化和第二次现代化并存的基本态势"。[①] 但是，发展任务叠加也带来一些弊端。一是每一阶段发展时间短，导致发展任务不能较好完成，本阶段遗留较多发展问题；二是不同发展任务叠加，导致某一时期现代化发展任务艰巨，发展任务头绪较多，容易顾此失彼；三是同一时期，不同发展任务导致发展中社会矛盾和风险多发，形成风险社会。

[①] 《求索中国现代化方案·八问》，《半月谈》2017年第20期。

(三）现代化"并联式"发展道路易导致矛盾的压缩性风险"胶囊"

中国现代化"并联式"发展道路带来的负面效果是容易造成风险积累，不同类型矛盾交织起来，形成现代化进程中的"矛盾凸显期"。亨廷顿在研究发展中国家现代化进程中提出著名的论断："现代性产生稳定性，而现代化却产生不稳定性。"[①] 特别是中国作为超大型发展中国家，又进行着农业现代化、工业化、城镇化和信息化"四化"叠加的"并联式"现代化发展道路，其面临的风险和矛盾是世界上已经完成现代化的西方国家和正处于现代化进程的发展中国家所不能比拟的。"我们在推进改革开放和社会主义现代化建设中所肩负任务的艰巨性和繁重性世所罕见；我们在改革发展稳定中所面临矛盾和问题的规模和复杂性世所罕见；我们在前进中所面对的困难和风险也世所罕见。"[②]

任何一种独特发展道路在带来发展红利的同时，也会带来对应的负面清单和代价。中国现代化进程中长期处于矛盾凸显期和高发期，这是中国现代化"并联式"发展道路特征的副产品。中国现代化"并联式"发展道路把西方"串联式"发展道路上200多年的时间跨度压缩在100年左右，导致每一个发展阶段的发展任务不能充分完成，也同时导致上一个发展任务的矛盾会被带到下一个发展阶段形成新的矛盾和风险，如此就造成新发展阶段的新矛盾和上一个发展任务的遗留风险交织在一起，导致矛盾和风险的积累与叠加。像中国面临着农业现代化、工业化、城镇化和信息化"四化"叠加，导致农业现代化进程中的转型矛盾、工业化过程中矛盾、新型城镇化矛盾和后工业化的信息化矛盾叠加在一起，形成更为复杂的复合型矛盾。

中国现代化"并联式"发展道路中的不同类型社会矛盾挤压在一起，并相互感染与影响，形成积累性矛盾、衍生性矛盾和变异性矛盾。积累性矛盾是指中国现代化"并联式"发展过程中，每一个发

---

① [美] 塞缪尔·亨廷顿：《变化社会中的政治秩序》，王冠华译，华夏出版社1989年版，第45页。

② 《胡锦涛文选》第3卷，人民出版社2016年版，第170页。

展阶段时间被压缩，每一个发展阶段带来的矛盾不能有效化解，带入下一个发展阶段，每一个发展阶段的矛盾不能有效化解导致矛盾被积累下来，这种矛盾被积累到一定程度突破其压力阀，就会形成大规模群体性事件，进入21世纪后中国群体性事件快速增长与积累性矛盾有直接关联性。

"并联式"发展道路中不同类型矛盾，不仅出现积累状态，在积累过程中还容易导致衍生性矛盾和变异性矛盾。衍生性矛盾是指矛盾在原发状态下，在矛盾数量、方向等方面发生着量变，而矛盾性质没有根本改变的运动过程。这种衍生性矛盾在中国占大多数，主要表现为人民内部利益矛盾，就是我们常说的"就事论事"，这种矛盾发展变化沿着经济利益补偿的轨道前进。变异性矛盾是指矛盾在运行过程中，矛盾性质发生根本变化的运行过程。它的发展过程常常出现非线性，从一个矛盾状态跳跃到另一个毫无联系的矛盾事物。如贵州"瓮安事件"和湖北"石首事件"为典型代表，从最初"本体"事件的中学生和厨师自杀，最后演变为大规模针对地方政府的暴力事件，矛盾性质发生了本质性变化。这种变异性矛盾是目前风险最大，影响社会稳定最突出、最难处置的社会矛盾。所以，当前中国社会矛盾呈现矛盾积累性、关联性和叠加性的特征，就是"并联式"发展道路带来的副产品和代价。

三 中国现代化"并联式"发展道路的优化路径

充分发挥并联式现代化发展道路的优势，减少其发展过程中产生的问题，控制现代化过程中风险和矛盾的积累和叠加，有助于中国社会主义现代化顺利跨越"中等收入陷阱"、平安有序渡过矛盾凸显期。

（一）利用后发优势实现不同发展任务深度融合跨越式发展

当前中国处于全面建成小康社会决胜时期，处在工业化、城镇化、农业现代化和信息化的叠加发展时期,要实现"两个百年"奋斗目标,就必须同时实现四个新的现代化目标,这也增加了实现现代化的难度和挑战,但同时也为我们利用后发优势,利用科技革命成果,实现产业的升级改造,实现跨越式发展带来了机遇。例如,信息化作为后工业化社会的特征,虽然其为中国实现现代化带来新的发展任务,但也为中国利用信息化技术,实现工业化、城镇化和农业现代化,提供新的技术支持。

信息社会里,我们能将后现代化要素和现代化要素结合起来,把信息技术融入传统产业,通过"互联网+"把信息技术与中国传统农业、工业升级改造、服务业等结合起来,实现互联网与传统农业、工业、服务业、城镇化的深度融合,完成经济转型和产业升级。"要加快改造提升传统产业,深入推进信息化与工业化深度融合,着力培育战略性新兴产业,大力发展服务业特别是现代服务业,积极培育新业态和新商业模式,构建现代产业发展新体系。"[1]

(二)发挥"并联式"发展中重点任务与其他任务的整体协同发展

虽然中国现代化发展时间被严重挤压,发展任务重重叠加,但不同发展阶段都有不同的重点任务。面临现代化"并联式"发展任务纷繁复杂,我们应该抓住某一发展阶段的重点任务,同时,连带协同解决其他发展任务。目前我们处在现代化"三步走"发展战略中全面建成小康社会的决胜阶段,这一时期我们重点实现的是小康社会而非富裕社会,为此,贫困就成为全面建成小康社会的关键性短板,精准脱贫就成为这一时期的重点任务。

"并联式"发展道路是一种客观条件造成的发展道路,这就需要我们尽可能利用"并联式"的后发优势与效应。在现代化发展道路上,我们同时面对不同的发展任务,急需抓住现代化不同发展阶段的

---

[1] 《习近平关于社会主义经济建设论述摘编》,中央文献出版社2017年版,第190页。

中心任务，还要协同、整体、关联地解决现代化发展中的其他任务。例如，在整个现代化过程中，工业化是衡量现代化最核心、最根本的指标，所以，工业化是中国现代化发展任务的重中之重，其他发展任务都要围绕工业化来进行。除了工业化，还有其他发展任务需要同时解决。

中国现代化发展道路进入工业化后期，新型城镇化、农业现代化问题也必须得到解决，否则将阻碍中国现代化质量向纵深迈进。同样，中国现代化过程中，意外遭遇信息化的提前到来，所以，中国现代化发展道路中面临着的工业化、城镇化、农业现代化和信息化"四重奏"的叠加，我们在以工业化为中心发展任务的同时，必须注重城镇化、农业现代化和信息化发展任务的协同性、关联性和整体性，做到现代化发展任务的重点性与整体性推进。"我们正在协同推进新型工业化、信息化、城镇化、农业现代化，这有利于化解各种'成长的烦恼'。"[①]

（三）防范和化解"并联式"发展过程中矛盾和风险的积累性和叠加性

中国"并联式"发展道路不能像西方发达国家"串联式"发展道路那样，有序从容地解决阶段性发展矛盾。中国现代化发展道路的时间压缩，导致每个发展阶段的矛盾难以充分化解，进入下一个发展阶段就形成原有矛盾的积累性与新矛盾的叠加性。有效防范社会矛盾积累性与叠加性，就需要化解存量矛盾与减少增量矛盾并重，防止矛盾叠加性导致的风险"胶囊"。

其一，现代化发展阶段中要注重解决阶段性矛盾，减少矛盾的积累性带来的风险。在并联式现代化发展道路中，矛盾本身及其化解不可能有序展开，这就需要我们"就事论事"，在每个发展阶段中尽可能化解本阶段的社会矛盾，避免和减少本阶段应该解决的社会矛盾带

---

① 《习近平关于社会主义经济建设论述摘编》，中央文献出版社2017年版，第183页。

入下一个发展阶段。例如，中国现代化发展"三步走"战略中，建成小康社会阶段只有30年时间，这对于地缘广阔、发展不平衡的中国，在发展过程中会产生许多矛盾，这些矛盾如果解决不好，就形成大量积累性矛盾，随着时间的推移，这些矛盾进入下一个发展阶段，解决难度会发生较大变化。因此，需要国家进行现代化发展阶段的顶层设计，这个顶层设计还包括每个发展阶段矛盾治理的顶层设计，统筹考虑每个发展阶段化解其产生的社会矛盾。

其二，防止现代化发展阶段中不同矛盾的风险叠加。"并联式"现代化发展道路导致不同发展任务同时存在，自然会产生不同类型社会矛盾的叠加。这就需要从顶层科学研判和处理同一发展阶段不同类型的社会矛盾。如今中国现代化进入工业化、城镇化、农业现代化和信息化"四化"同步发展时期，工业化过程中国企减员增效带来下岗职工再就业、社会保障矛盾；民企快速发展带来拖欠农民工工资、社会保障金缴纳问题；城镇化过程中存在拆迁征地矛盾；环境污染问题；教育、医疗资源不足问题；农业现代化进程中的土地流转、扶贫、留守儿童关爱、老年人养老保障等问题；信息化过程中网络围观、网络舆情突发事件和网络群体性事件；公平正义等价值型矛盾……需要针对现代化发展阶段不同任务产生的不同社会矛盾，分类进行处理，阻断不同类型矛盾关联性、扩散性，避免产生局部的社会震荡。

总之，中国现代化"并联式"发展道路，使中国区别于西方发达国家"串联式"的发展道路，为世界现代化发展道路开辟了多样性的样本，也使中国现代化发展道路具有自身的独特性。这种"并联式"发展道路的独特性，为中国现代化赶超型发展战略提供了有利条件，但同时，也会导致社会矛盾和风险的积累性和叠加性增强，如何趋利避害，发挥现代化"并联式"发展道路带来的红利，减少其带来的风险和矛盾，是中国现代化发展道路中亟待解决的理论与实践问题。

判断新时代中国特色社会主义历史方位的四个维度[*]

党的十九大报告提出，"中国特色社会主义进入了新时代，这是我国发展新的历史方位"[①]。这是自党的十三大提出社会主义初级阶段历史方位后，又一次对中国现代化建设的历史方位做出新的重大政治论断。同时，党的十九大报告还提出："我国社会主要矛盾的变化，没有改变我们对我国社会主义所处历史阶段的判断，我国仍处于并将长期处于社会主义初级阶段基本国情没有变，我国是世界最大发展中国家的国际地位没有变。"[②] 这需要我们在分析中国特色社会主义历史方位进入新时代和主要矛盾新变化的同时，还要看到中国社会主义初级阶段基本国情没有变和最大发展中国家国际地位没有变，要辩证地、全面地看待新时代历史方位中多元内涵的变与不变。

一 历史方位内涵的多元维度

历史方位是研究中国特色社会主义进入新时代的理论基点。当前对新时代历史方位的解读出现了一种倾向，即解读的随意性及其内涵

---

[*] 原载《中州学刊》2018 年第 1 期。
① 习近平：《决胜全面建成小康社会 夺取新时代中国特色社会主义伟大胜利》，人民出版社 2017 年版，第 10 页。
② 习近平：《决胜全面建成小康社会 夺取新时代中国特色社会主义伟大胜利》，人民出版社 2017 年版，第 12 页。

下篇　利益关系均衡与中国特色社会主义完善

与外延的无边界性。因此，要科学分析新时代历史方位，必须厘清历史方位内涵与外延的边界，科学分析历史方位内涵的构成要素，从而为深化研究新时代中国特色社会主义历史方位奠定理论基石。

历史方位指的是客观事物在历史发展中所处的位置，是客观事物在某个发展阶段所蕴含的特定条件。"一切矛盾着的东西，互相联系着，不但在一定条件之下共处于一个统一体中，而且在一定条件之下相互转化，这就是矛盾的统一性的全部意义。"[①] 因此，历史方位就是指矛盾存在的条件，新的历史方位就是矛盾存在的条件发生了新变化。

根据历史方位的特质性，本文提出判断一个事物在历史发展进程中所处历史方位的四个维度：时间坐标维度、空间位置维度、发展阶段维度和矛盾变化维度。新时代历史方位特质性不是某个要素的变化，而是系统性要素的集成变化。"新时代之'新'，并不是简单地基于时间的进度，而是基于全面总结中共十八大以来中国经济社会取得的全方位、开创性巨大成就和所发生的深层次、根本性变革的整体判断，集中体现为国家发展面临的主要问题和中心任务的新变化。"[②] 为什么选择这四个维度作为衡量历史方位的变量因素而没有选择其他要素？这是因为，这四个维度分别从不同视角反映出历史方位内涵的某种特质，与历史方位本身有某种内在的逻辑关系，有其他要素不可替代的作用。

（一）时间维度能最直接反映事物所处历史方位的时间属性

时间维度是衡量历史方位内涵的首要的基本属性。离开时间维度，历史方位就不具备最基本的历史属性。时间维度主要从事物发展过程中的时间坐标来确定其所处的时间位置。时间维度是指某事物在历史发展进程中过去、现在和未来中特定的时间坐标；历史方位的时

[①] 《毛泽东选集》第 1 卷，人民出版社 1991 年版，第 330 页。
[②] 赵中源：《准确理解中国特色社会主义进入新时代》，《广州日报》2017 年 12 月 4 日第 6 版。

间维度,通常表现为事物发展过程中特定历史节点与特定历史阶段的复合体。由于近现代以来中华民族发展任务的多重性,历史方位中时间维度的界定也是多元化的。一是中华民族伟大复兴历史方位的时间坐标。从1840年中华民族沦为半殖民地半封建社会的衰败点,到实现国家富强和人民幸福的民族伟大复兴的210年(1840—2050)时间坐标。二是1949年中华人民共和国成立历史方位的时间坐标。这时民族独立任务已经实现,开始转向完成国家富强和人民幸福的第二个目标任务的101年(1949—2050)时间坐标。三是开辟、丰富和发展中国特色社会主义道路,为实现富强民主文明和谐美丽的社会主义现代化强国和中华民族伟大复兴历史方位的72年(1978—2050)时间坐标。这三个历史方位的时间坐标中时间终点相同,但时间起点不同,因此,分别代表着中国社会不同的发展历史方位:沦为半殖民地半封建社会衰败点;民族独立的转折点;国家富强和人民幸福的民族复兴新起点。其中,最重要的是,历史方位时间节点不同,其蕴含的发展目标也不同,最终形成了中华民族复兴史上既相互衔接又有所区别的多元时间坐标。

(二) 空间维度侧重于判断事物在历史方位中区域发展的位置

空间维度是从事物发展区域空间的外部联系来界定其位置的,即某事物在区域发展中所处的位置。具体到一个国家而言,是某一国家在同世界各国发展比较中所处的梯队和位置。如果说时间坐标倾向于对不同事物或同一事物的纵向比较,那么,空间维度则倾向于不同事物的横向比较。当前判断中国现代化建设和中国特色社会主义历史方位中空间位置的维度主要有两个:世界意义和中国特色。

一是从世界看中国,这是由外向内的世界向度,即世界现代化视角,它确定中国在世界现代化进程中的位置。二是从中国看世界,这是由内而外的中国向度,即中国特色社会主义视角,它确定中国特色社会主义在世界社会主义运动中的作用。从现代化的视角看,在世界话语体系的现代化理论框架下,中国在世界现代化的体系中属于后发外源性的发展中国家,中国作为世界最大发展中国家,在开辟世界现代化多元道路中具有世界意义。从世界社会主义运动视角看,中国特色社会主义的发展不仅兼具中华民族复兴、发展中国家现代化道路探索的历史使命,同时还具有世界社会主义复兴的任务。

(三)发展阶段维度反映事物在历史方位中的特质性表现

"发展阶段"是某个事物在特定历史阶段表现出来的特质性。在中国特色社会主义语境下,历史阶段的最重要特质,是某个历史发展阶段中经济、政治、文化、社会等诸多要素所表现出来的基本国情。这种发展阶段的特质性,后来扩展为世情、国情和党情。"正确认识我国社会现在所处的历史阶段,是建设有中国特色的社会主义的首要问题,是我们制定和执行正确的路线和政策的根本依据。"①

中华人民共和国成立后,中国共产党对中国社会主义发展历史方位的判断曾出现过两种倾向:高估其发展历史阶段和低估其发展历史阶段。前者把中国历史方位定位于从社会主义向共产主义过渡阶段,甚至提出跑步进入共产主义。后者低估社会主义所处的历史方位,把中国历史方位定位于从资本主义向社会主义过渡的阶段。邓小平在总结社会主义建设历史经验时说:"'文化大革命'十年浩劫,中国吃了苦头。中国吃苦头不只这十年,这以前,从一九五七年下半年开始,我们就犯了'左'的错误。总的来说,就是对外封闭,对内以阶级斗争为纲,忽视发展生产力,制定的政策超越了社会主义的初级阶段。"②

1981年党的十一届六中全会对中国发展阶段的历史方位进行了定位,首次提出社会主义初级阶段的概念范畴。党的十三大提出社会主义初级阶段理论,科学回答了中国现代化建设所处的历史方位包含着对社会主义初级阶段的性质定位和对基本国情特征的概括。此后,

---

① 《十三大以来重要文献选编》(上),人民出版社1991年版,第13页。
② 《邓小平文选》第3卷,人民出版社1993年版,第269页。

中国共产党历次代表大会都对社会主义初级阶段理论进行了丰富和发展。党的十七大提出了"两个不变"的论断,即我国仍处于并将长期处于社会主义初级阶段的基本国情没有变,人民日益增长的物质文化需要同落后的社会生产之间的矛盾这一社会主要矛盾没有变。党的十八大提出了"三个不变"的论断,即我国仍处于并将长期处于社会主义初级阶段的基本国情没有变,人民日益增长的物质文化需要同落后的社会生产之间的矛盾这一社会主要矛盾没有变,我国是世界最大发展中国家的国际地位没有变。

(四)矛盾变化维度是判断事物所处历史方位的内在依据

历史发展过程中一事物区别于其他事物的主要依据在于其包含的矛盾特殊性。矛盾变化是绝对的,衡量矛盾所处历史方位新变化的依据有两个要素:一是在诸多矛盾中,主要矛盾变化是判断历史方位变化的最主要的内在依据。这是因为,在诸多矛盾中主要矛盾起着决定性、支配性和根本性作用,规定着事物的性质和发展方向。二是主要矛盾发生质变而非量变,是判断历史方位变化的主要维度。矛盾无时无刻不在发生变化,判断主要矛盾变化的依据不是主要矛盾发生的量变,而是主要矛盾的性质发生根本性变化。

改革开放后,关于社会主义初级阶段主要矛盾的论断,是判断中国处于社会主义初级阶段历史方位的重要依据。依据人民日益增长的物质文化需要同落后的社会生产之间的主要矛盾,国家提出了以经济建设为中心的发展任务,进而在1987年提出了社会主义初级阶段党的基本路线。形成了社会主义初级阶段、主要矛盾、主要任务和党的基本路线"四位一体"的整体性论断。

二 新时代中国特色社会主义历史方位的时间维度

党的十九大对中国特色社会主义历史方位做出了新的判断。新时代中国特色社会主义与此前发展阶段相比较呈现出新的阶段性特征。新时代不仅是指中国特色社会主义时间坐标的演进,还包括空间维度、发展阶段、矛盾变化等新维度的变化,是中国特色社会主义发展道路上发生的整体性和阶段性质变。

(一)在中华民族复兴史上出现了从强起来到富起来的时间新坐标

从中华民族伟大复兴的视角看,自1840年中国遭受西方列强欺辱的历史衰败点,到1949年中华民族站起来的历史转折点,再到2020年即将全面建成小康社会富起来的关键节点,中华民族经历了从遭受欺辱、站起来的历史坐标,到富起来的历史坐标,进而向强起来的奋斗目标迈进。"中国特色社会主义进入新时代,意味着近代以来久经磨难的中华民族迎来了从站起来、富起来到强起来的伟大飞跃,迎来了实现中华民族伟大复兴的光明前景。"[①] 在中华民族伟大复兴的历史坐标上,我们在1949年经历了站起来的时间坐标后,经过近70年奋斗,已经进入富起来的历史坐标,离中华民族伟大复兴的目标愈来愈近,这就是新时代历史方位的时间坐标新维度。

(二)新时代中国特色社会主义迎来了"两个一百年"交汇期

从现代化和中国特色社会主义发展的时间坐标看,中国特色社会主义迎来了"两个一百年"交汇期。1978年改革开放后,中国现代化发展战略的顶层设计就是"三步走"的发展战略,"三步走"发展战略是衡量我国现代化所处方位的重要时间坐标。1990年实现温饱社会发展战略后,到2020年全面建成小康社会,将实现中国现代化第二步的重大任务,实现第一个百年奋斗目标,同时,还要规划第二

[①] 习近平:《决胜全面建成小康社会 夺取新时代中国特色社会主义伟大胜利》,人民出版社2017年版,第10页。

个百年奋斗目标。"两个一百年"交汇期的时间坐标是中国现代化建设和中国特色社会主义新的历史方位。

三 新时代中国特色社会主义历史方位的空间维度

（一）中国特色社会主义拓宽了发展中国家走向现代化的多元路径

从现代化发展的空间维度看，新时代历史方位的世界意义表现为中国拓宽了发展中国家走向现代化的途径，逐步开辟了世界现代化发展道路和发展模式的多元化。党的十九大报告提出，中国特色社会主义进入新时代，"意味着中国特色社会主义道路、理论、制度、文化不断发展，拓展了发展中国家走向现代化的途径，给世界上那些既希望加快发展又希望保持自身独立性的国家和民族提供了全新选择，为解决人类问题贡献了中国智慧和中国方案"[①]。

随着经济全球化和世界一体化，世界不同民族国家在现代化的框架下、在相互交融中，进行不同发展范式的较量和竞争。以美国、英国为代表的早生内源性国家已经步入现代化行列，其新自由主义模式成为许多国家效仿的模式。中国特色社会主义自1978年破题后，经过近40年的发展，显示出后发优势，其意义正在跨越国界和意识形态的界限。"北京共识""中国模式""中国道路""中国方案"和"中国智慧"的相继提出，显示出中国作为后发外源性发展中国家对不同于西方发达国家走向现代化途径的探索，为发展中国家走向现代化开辟了多元模式。"中国特色社会主义具有一种内在超越资本主义的视界，并具有避免回到资本主义的特质；中国特色社会主义的理论价值，不仅在于它目前在全球经济中的重要性，而且在于它正努力为

---

① 习近平：《决胜全面建成小康社会　夺取新时代中国特色社会主义伟大胜利》，人民出版社2017年版，第10页。

资本主义世界体系提供一种替代经验。"①

（二）中国特色社会主义焕发出科学社会主义的外溢、示范效应

从世界社会主义运动的空间新维度分析，中国特色社会主义在世界不同社会制度较量中逐步展示出制度优越性，显示出强大的外溢、示范效应。20世纪80年代末和90年代初东欧剧变后，社会主义在与资本主义的较量中处于低谷状态，"历史终结论""意识形态终结论"甚嚣尘上。随着美国金融危机的爆发，资本主义弊端再度显现，而中国特色社会主义却成就巨大。两种制度的一升一降，标志着世界社会主义运动走出了低谷，同时也增强了社会主义国家人民的制度自信，提高了社会主义制度对发展中国家的吸引力，社会主义制度的外溢、示范效应日益凸显。中国特色社会主义进入新时代，"意味着科学社会主义在21世纪的中国焕发出强大生机活力，在世界上高高举起了中国特色社会主义伟大旗帜"。

（三）中国对世界的影响从"韬光养晦"逐步走近世界舞台中央

随着中国综合国力的增强，中国对世界的影响日益增大，在国际上的话语权和影响力也日益增强，为世界和平、发展和全球治理提供了中国智慧和中国方案。从"一带一路"倡议到人类命运共同体的构建，再到构建新型合作共赢的国际关系，中国深度参与全球治理，得到了国际社会的广泛支持和认同。"中国的国际战略正在由'韬光养晦'变成'有所作为'，在国际舞台上扮演更为关键的角色。时至今日，中国不再是处于世界体系边缘的旁观者，也不再是国际秩序被动的接受者，而是积极的参与者和建设者。"②

---

① 陈扬勇：《深刻理解中国特色社会主义进入新时代的重大意义》，《光明日报》2017年12月13日第8版。
② 陈宇翔、薛光远：《"三个前所未有"：当代中国历史方位的科学论断》，《光明日报》2017年11月8日第8版。

四 新时代中国特色社会主义历史方位的发展阶段维度

（一）社会主义初级阶段基本国情呈现出阶段性特征

国情是决定历史方位中发展阶段变迁最重要的基石。党的十三大确立社会主义初级阶段的历史方位后，开始深化对社会主义初级阶段理论的内涵和特征研究。以江泽民为核心的第三代中央领导集体曾提出，社会主义初级阶段将出现若干具体发展阶段。以胡锦涛为总书记的党中央明确提出社会主义初级阶段呈现出新的阶段性特征，并概括了这些新的阶段性特征的内涵。"当前我国发展的阶段性特征，是社会主义初级阶段基本国情在新世纪新阶段的具体表现。只有既牢牢把握社会主义初级阶段这个大的历史阶段，又认真分析不同时期具体的阶段性特征，才能准确判断我国社会发展的主流和方向，并据以制定正确的发展战略和政策。"[1]

（二）新时代历史方位的基本国情从量变转变为阶段性"质"变

党的十八大以来，习近平总书记既强调社会主义初级阶段基本国情没有变，又提出要深化对社会主义初级阶段新特征的判断。"全党要牢牢把握社会主义初级阶段这个最大国情，牢牢立足社会主义初级阶段这个最大实际，更准确地把握我国社会主义初级阶段不断变化的特点。"[2] "新时代"就是党的十九大对社会主义初级阶段基本国情呈现新特征的概括。

与此前我国现代化建设的阶段性特征相比较，这种变化的特征是：成就是全方位的、开创性的，变革是深层次的、根本性的，反映出新时代社会主义初级阶段基本国情从以前的阶段性量变开始转化为

---

[1] 《十七大以来党的重要文献选编》（上），中央文献出版社2009年版，第8页。
[2] 《习近平谈治国理政》第2卷，外文出版社2017年版，第61页。

阶段性"质"变。具体表现为：中国生产力水平总体上显著提升，社会生产能力进入世界前列，人民生活水平即将达到全面建成小康社会水平，经济基础和上层建筑愈加完善，综合国力显著提升。中国社会主义初级阶段基本国情从1978年以来经过长期量变积累，开始出现阶段性质变，进而为2050年整体性"质"变奠定基础。

五　新时代中国特色社会主义历史方位的矛盾变化维度

（一）新时代中国社会主要矛盾性质发生了重大变化

新时代中国社会主要矛盾的变化，是主要矛盾性质发生了变化。中国社会主要矛盾的性质表现为矛盾的两个方面，即矛盾主体与矛盾客体之间的矛盾。衡量矛盾性质是否发生变化，主要看矛盾两个方面之间的矛盾是否得到解决。从矛盾主体"人民日益增长的物质文化需要"看，人民衣食住行的物质需要基本得到满足，开始向非物质需要的法治、公平、正义、安全、环境等多元需求转变。从矛盾客体看，"落后的社会生产"已被我国生产力显著提高、人民生活水平明显提升、经济基础和上层建筑愈加完善所代替。经过改革开放后近40年的发展，根据矛盾主体和矛盾客体的双重变化，在原有主要矛盾基本解决的基础上，党的十九大关于社会主要矛盾提出了新的重大政治判断："中国特色社会主义进入新时代，我国社会主要矛盾已经转化为人民日益增长的美好生活需要和不平衡不充分的发展之间的矛盾。"[1]

（二）新时代中国社会主要矛盾的新表现

中国社会主要矛盾发生变化表现在两个方面：一是矛盾主体需求内涵发生了重大变化。矛盾主体需求内涵从原来的"人民日益增长的

---

[1] 习近平：《决胜全面建成小康社会　夺取新时代中国特色社会主义伟大胜利》，人民出版社2017年版，第11页。

物质文化需要",转变为新时代"人民日益增长的美好生活需要"。矛盾主体需求内涵从原来比较单一的物质利益需求向非物质利益需求扩展；需求的层次从原来衣食住行的生存型需求向发展型需求转变；需求的广度从物质利益需要向公平、正义、法治等内涵扩展。二是矛盾客体的特征从原来"落后的社会生产"转变为"不平衡不充分发展"。这里既有发展不平衡问题，也有发展不充分问题。发展不平衡问题，包括城乡、区域、群体、职业等发展不平衡问题，也有经济、政治、文化、社会、生态发展不平衡问题。发展不充分表现为中国社会生产力距离发达国家还有较大差距，生产力质量还没有充分释放，也有生产关系和上层建筑不完善的问题。此外，在同一个问题中既有发展不平衡的问题，还有发展不充分的问题，两种问题交织在一起。发展中不平衡不充分是主要矛盾的主要方面，"这些发展不平衡不充分问题相互掣肘，带来很多社会矛盾和问题，是现阶段各种社会矛盾的主要根源，已经成为社会主要矛盾的主要方面，必须下功夫去认识它、解决它"①。

六 辩证地把握新时代中国特色社会主义历史方位的"变"与"不变"

党的十九大报告提出中国特色社会主义进入了新时代。同时，党的十九大报告强调："我国社会主要矛盾的变化，没有改变我们对我国社会主义所处历史阶段的判断，我国仍处于并将长期处于社会主义初级阶段的基本国情没有变，我国是世界最大发展中国家的国际地位没有变。"② 要准确地把握新时代中国特色社会主义历史方位内涵，就必须把新时代这个历史方位的变化与历史方位中社会主义初级阶段

---

① 冷溶：《正确把握我国社会主要矛盾的变化》，《人民日报》2017年11月27日第8版。

② 习近平：《决胜全面建成小康社会 夺取新时代中国特色社会主义伟大胜利》，人民出版社2017年版，第12页。

基本国情没有变和最大发展中国家地位没有变有机结合起来。从整体与局部、量变与质变、矛盾的主要方面与矛盾的次要方面的不同关系中，全面、客观、辩证地把握新时代中国特色社会主义历史方位内涵中的变与不变。

（一）从整体与局部之间的关系全面地看待新时代中国特色社会主义历史方位的"变"与"不变"

社会主义初级阶段是中国现代化建设和中国特色社会主义实践的总依据，它是涵盖当代中国特色社会主义的一个更大的历史方位。当前中国特色社会主义进入新时代的历史方位，只是整个社会主义初级阶段历史方位的一个新阶段和时间新坐标。两者之间的关系是包含与被包含、整体与局部之间的关系。我们既要在局部上把握中国特色社会主义进入新时代后社会主义初级阶段出现的新变化、新特征和新矛盾；同时，还要从全局上看到中国特色社会主义基本国情不变和中国最大发展中国家国际地位不变的总依据，清醒地看到"两个不变"对新时代历史方位的制约。"不仅在经济总量低时要立足初级阶段，而且在经济总量提高后仍然要牢记初级阶段；不仅在谋划长远发展时要立足初级阶段，而且在日常工作中也要牢记初级阶段。"[1]

（二）从量变与质变的关系辩证地分析中国特色社会主义新时代历史方位呈现出的阶段性质变

在中国社会主义初级阶段，在质、量互变规律作用下，首先会出现长期的量变，进而发生阶段性"质"变，最终会导致整体性"质"变。在这样一个过程中，形成相互衔接而又有所不同的量、质互变递进的发展阶段。中国特色社会主义新时代是在改革开放近40年长期量变的基础上，中国基本国情正处于从过去站起来到现在富起来，并向强起来的目标迈进的阶段性质变节点上。中国特色社会主义进入新

---

[1] 《习近平谈治国理政》，外文出版社2014年版，第11页。

时代反映了在生产力和生产关系、经济基础和上层建筑长期量变基础上，中国社会主义初级阶段基本国情的阶段性质变，这种阶段性质变为第二个一百年中国现代化的奋斗目标奠定了新的基础。

因此，我们必须看到改革开放近40年来，经过经济社会长期发展，中国经济社会开始出现新的阶段性特征。这种新的阶段性特征与此前发展变化相比较，最大的标志是出现了阶段性质变，我们要准确把握新时代阶段性质变的特质。同时，我们还必须看到，这种变化仅仅是经济社会发展的阶段性质变，还没有导致社会主义初级阶段基本国情发生整体性、根本性质变。我们要在量变、阶段性质变和整体性质变的关系中，辩证地把握新时代我国历史方位变化的质、量互变内涵。

（三）从矛盾主要方面和矛盾次要方面客观地把握新时代中国特色社会主义历史方位变与不变的对立统一

中国特色社会主义进入新时代的历史方位与社会主义初级阶段基本国情不变和最大发展中国家的国际地位不变，存在着对立统一关系。从影响中国特色社会主义发展的最大因素来看，社会主义初级阶段基本国情不变仍是矛盾的主要方面，在中国现代化建设中起着决定性和主导性作用，对新时代中国特色社会主义历史方位起着制约作用，规定着中国特色社会主义新时代前进的方向。

因此，我们在未来中国特色社会主义实践过程中，要抓住矛盾的主要方面，继续重点解决社会主义初级阶段基本国情这个全局性、根本性的问题。同时，还要看到新时代历史方位还可以能动地反向影响社会主义初级阶段的发展进程，通过有效解决新时代中国特色社会主义出现的阶段性问题，来续写中国特色社会主义理论与实践的新篇章，为2050年建成社会主义现代化强国开辟新道路。所以，我们从矛盾主要方面和次要方面的对立统一关系中，既要抓住社会主义初级阶段总依据这一矛盾主要方面，还要从整体性、关联性和协同性上，把握新时代历史方位这个矛盾次要方面，实现分析和解决矛盾的"两点论"和"重点论"的统一。

从中国特色社会主义到"中国模式"：
两种话语解读之差异[*]

1978年启动的改革开放是中国现代化探索道路上的又一次模式大转换，中国现代化发展模式从传统的苏联模式向中国特色社会主义转型，此后，在开辟中国特色社会主义道路实践中，中国共产党以自己的理论及话语范式解读中国现代化发展道路和经验，这个话语范式从邓小平建设有中国特色社会主义理论到邓小平理论、"三个代表"重要思想、科学发展观，直到中国特色社会主义理论体系的形成。然而，自2004年美国高盛公司资深顾问乔舒亚·库珀·雷默提出"北京共识"的概念以来，从"北京共识"出台到"中国模式"的兴起，西方学者用另一套话语范式对中国现代化道路及其经验进行着自己的解读，面对解读的同一客体——中国现代化发展经验，却做出了不同的解释。这种解读不仅表现在两者字面上的差异，而且对中国发展经验内涵的概括也存在着不同的诠释，本文将诠释两种不同话语对中国发展经验解读的差异及其背后的原因之所在。

一 中国特色社会主义和"中国模式"解读中国现代化发展经验内涵的差别

（一）西方对改革开放后"中国模式"认同轨迹的变化

远远早于乔舒亚·库珀·雷默提出的"北京共识"的概念之前，

---

[*] 原载2012年国际共产主义运动史学会论文集。

从中国特色社会主义到"中国模式":两种话语解读之差异

中国共产党就用自己的话语解读着"中国模式"的内涵,1982年党的十二大上,邓小平提出了探索中国现代化道路的最基本主题和指导思想:"把马克思主义的普遍真理同我国的具体实际结合起来,走自己的路,建设有中国特色的社会主义,这是我们总结长期历史经验得出的基本结论。"① 这是中国共产党用自己的理论范式和话语解读"中国模式"的最初规定,"中国特色社会主义"成为中国现代化建设经验的核心词。此后,中国现代化建设沿着中国特色社会主义的理论和实践两个维度展开,实践维度就是要开辟中国特色社会主义道路,理论维度就是总结马克思主义中国化的最新理论成果。

在1992年党的十四大上,从社会主义发展道路、发展阶段、根本任务、发展动力、外部条件、政治保证、战略步骤、领导和依靠力量、祖国统一九个方面,对中国特色社会主义道路进行了系统的归纳和概括。这是中国共产党用自己的话语和范式:建设有中国特色社会主义理论,第一次系统解读中国的现代化发展经验。在2007年的党的十七大上,中国共产党提出的"十个结合"是对中国现代化发展经验的最新概括。在此基础上,这种解读逐渐上升为完整性的理论体系:中国特色社会主义理论体系,这个理论体系包括三个层面,即邓小平理论、"三个代表"重要思想和科学发展观。

显然,西方学者对"中国模式"的考察内容就是改革开放后中国现代化建设的道路和经验,和中国特色社会主义理论体系研究的对象属于同一客体。正是在这种意义上,国内部分学者明确指出中国特色社会主义就是西方所提出的"中国模式"的内涵。但西方学者显然并不简单认同中国特色社会主义对"中国模式"的诠释,创造出"北京共识"和"中国模式"这样的术语,并用自己的话语范式解读中国现代化发展经验。

西方对"北京共识"和"中国模式"的认同是在21世纪之后,在此之前的20世纪90年代,在西方占据主流的是"中国崩溃论"和

---

① 《邓小平文选》第3卷,人民出版社1993年版,第3页。

"中国威胁论"。与中国内部在20世纪80年代认同中国现代化发展经验不同,西方对"中国模式"的认同和中国自身的认同出现了一个明显的时间差,改革开放之初,中国特色社会主义摆脱苏联模式的束缚,走向社会主义市场经济的发展轨迹,中国共产党明确定位是"中国特色社会主义",而西方认为是中国在走资本主义发展方向,至少是国家资本主义道路,西方世界对中国的发展表现出谨慎的支持。

20世纪80年代末期,东欧剧变、苏联解体导致世界格局发生重大变化,社会主义在世界范围内遇到重大挫折,西方对中国特色社会主义的态度出现了180度的大转弯,由过去谨慎支持中国的经济发展变为制裁中国。20世纪90年代,西方的主流思想是从"中国崩溃论"到"中国威胁论"的相继出现,西方对待中国发展模式的认同处于否定状态。进入21世纪后,随着中国经济持续高速发展和综合国力的显著增强,特别是美国次贷危机导致的世界金融危机,使美国的发展模式弊端暴露无遗,西方对"中国模式"的肯定占据了主流。

西方对"中国模式"的认同走出了一个"之"字形轨迹。在中国改革开放的30年中,西方对"中国模式"的认同时间较短,而长时间处于否定和疑虑的阶段,对中国的现代化建设所取得的经验,呈现出一种既肯定又疑惑的矛盾状态。

(二) 西方对"中国模式"中经济发展经验层面的认同

西方学者并不完全认同中国共产党对中国发展道路的经验概括和总结,而是另辟蹊径,提出自己的话语范式"北京共识"和"中国模式"。两种话语在解读中国现代化发展经验的差别时,同时出现交会点,这个交会点表现在对中国现代化发展中的经济经验的相同之处。

在分析中国共产党和西方学者关于"中国模式"的差异方面之前,我们必须剖析"中国模式"的内涵和外延。著名人类学家马林诺夫斯基把社会分为三个层次,器物层次,就是生产、生活工具;组织层次,包括社会经济的政治组织;精神层次,即人的伦理、价值取向等。马克思主义经典作家用生产力、生产关系（经济基础）和上层建筑的三个范畴分析社会的构成。这两种分析方法有许多相同之处，本文综合两种研究方法，把社会结构从宏观上分为：物质层面、制度层面和价值层面。西方学者对中国现代化发展经验的总结大都囿于经济层面，使"中国模式"内涵等同于"中国经济发展模式"。

西方对"中国模式"经济层面的总结归结于两个视角和层面：第一种从方法论的宏观层面分析"中国模式"的特点。例如，"北京共识"的首创者雷默提出："'北京共识'的核心就是一个国家按照自身的特点进行发展，它包括三个定理：艰苦努力、主动创新和大胆试验，坚决捍卫国家主权和利益，循序渐进、积累能量。"[1] 英国学者里奥·霍恩直接指出"把握机会——中国的改革方式或许比其实际的政策更为有趣——如果真有一条经验，那就是对改革开放和实事求是的态度"[2]。

第二种从微观的经济发展方式的具体经验层面展开，具有较强的可操作性。法国的托尼·安德烈阿尼认为"中国模式"具有以下特点：国有部门具有重要地位；股份制企业和混合所有制企业仍然受到国家监督；农村特殊的社会主义面貌；中国经济仍然是负债经济；计划尚未消失；基础公共事业有待完善[3]。俄罗斯的久加诺夫把"中国模式"的特点总结为一个完整的公式：中国模式＝社会主义＋中国民族传统＋国家调控的市场＋现代化技术和管理。美国霍普金斯大学的乔尔·安斯德总结得更为具体：强大的国家、活跃的家庭经济和主要由小企业组成的私有经济和小规模资本主义经济。

西方学者对"中国模式"中经济层面的关注和总结，直接反映出中国改革开放30年的高速经济增长引起的世界震动，反映出他们对中

---

[1] ［美］乔舒亚·库珀·雷默：《中国形象：外国学者眼里的中国》，沈晓雷等译，社会科学文献出版社2006年版，第294—295页。

[2] ［英］里奥·霍恩：《中国模式背后的真相》，《金融时报》（英国）2008年7月29日。

[3] ［法］托尼·安德烈阿尼：《中国融入世界市场是否意味着"中国模式"必然终结？》，《国外理论动态》2008年第5期。

国经济发展模式的肯定。由于宏观方法论层面更容易超越不同话语之间的差别，与国内学者对"中国模式"的总结更为相似；但在具体的经济方式的分析，西方之间有明显的不同。发达国家的学者更注重"中国模式"和西方发展经验，特别是和"华盛顿共识"之间的差别；而发展中国家学者对"中国模式"的具体分析，更看重"中国模式"的经验的可借鉴性。

（三）对"中国模式"中经济发展经验认同和否认或忽略制度层面认同的悖论

西方对"中国模式"解读的最大纰漏之处在于：忽视或回避"中国模式"的制度层面，把"中国模式"内涵等于中国经济发展模式，这是西方在解读"中国模式"时和中国自身解读"中国模式"内涵的最大差异。西方解读"中国模式"内涵有两种情况：一种是忽略或回避"中国模式"的"社会主义"性质，这种现象最为普遍；另一种是直接把"中国模式"的经济内涵和制度层面直接对立起来。例如，美国智库企业研究所直接把"中国模式"描述成一个简单的对立公式：经济自由加上政治压制。

除此之外，还有一种观点认为"中国模式"制度层面中的社会主义性质正在消失，把"中国模式"的制度性质等同和接近资本主义，从而认为"中国模式"的制度层面和西方没有差别。美国学者保罗·伯克特认为"由于改革的影响越来越明显，那些视中国在向社会主义迈进的左翼认识的数量自1990年后开始下降，但这一趋势还难以对进步主义构成挑战"[①]。事实上，这种观点对"中国模式"的解读并不是什么新观点，中国改革开放后抛弃传统苏联模式，就被认为是走国家资本主义道路或者走民主社会主义道路。

与西方学者不同，大部分发展中国家对"中国模式"的解读却并

———————
① [美] 马丁·哈特－兰兹伯格、保罗·伯克特：《解读中国模式》，《经济社会体制比较》2005年第2期。

· 194 ·

不回避"中国模式"的社会主义性质,印度尼赫鲁大学的专家孔塔帕里认为,中国"在不偏离社会主义方向的前提下,在实践层面奉行务实变通,在理论层面实行兼收并蓄、继承发展,从而形成了一整套紧密结合国情的发展战略"[①]。保加利亚的经济学家尼·波波夫认为,中国目前选择并实践的模式,是唯一可以挽救和建设社会主义的模式,是唯一正确的充满希望之路。新加坡国立大学东亚研究所所长郑永年认为,"模式主要指体制,但又不可避免地具有制度的属性,不存在可以脱离具体社会制度的抽象的体制模式,'中国模式'首先是指中国特色社会主义模式"[②]。西方对"中国模式"的解读局限于经济发展模式,致使其不能全面看待"中国模式"的整体性,导致对"中国模式"经验总结的割裂。尽管西方关于"中国模式"的话语为解读中国现代化发展经验提供了一种新的视角,但是其忽略制度层面的"狭隘眼光"将限制其对"中国模式"的全面探讨,不能圆满解释中国发展成功的原因。"中国模式"的首创者雷默认为,以前在西方用于讨论中国的语言已不再适用,而要研究中国,必须了解中国,必须具有"中国眼光"。这个"中国眼光"就包含了社会主义制度层面。

二 中国特色社会主义和"中国模式"解读中国现代化发展经验差异原因

西方和中国共产党对中国现代化发展经验解读出现的差异与两者观察中国发展的视角不同,同时,更与西方对中国社会主义制度低度认同有直接关系,其背后在于支持中国制度层面的价值理念与西方自身的价值理念是不相符的。

---

① 朱可辛:《国外学者对"中国模式"的研究》,《科学社会主义》2009年第4期。
② 王绍光:《坚持方向、探索道路:中国社会主义实践六十年》,《中国社会科学》2009年第5期。

（一）两种话语观察中国发展经验的视角：从侧重于中国向度到侧重于世界向度

单从中国特色社会主义和"中国模式"差异产生的技术视角看，中国特色社会主义是注重从中国现代化发展经验的"特色"作为其立足点，是从中国来看世界；而"中国模式"更注重于世界现代化发展经验的背景，是从世界看中国。在这里借用"中国向度"和"世界向度"的范畴，来观察中国特色社会主义和"中国模式"研究中国现代化发展经验的视角差异。这里的"中国向度"是指以社会主义作为研究背景，注重中国现代化发展经验的中国特点；"世界向度"是指以世界现代化发展模式为背景，注重中国现代化发展经验的特点。

中国特色社会主义是中国共产党以自己的话语体系对中国现代化发展经验的总结，它的直接参照系就是苏联模式。从它的直接背景看，中国特色社会主义发展模式是对苏联模式的模仿、借鉴和反思的基础上开始的，正确地对待苏联模式是探索中国特色社会主义的起点。开启中国改革开放的思想解放运动以及随后进行的改革开放政策，主要目的是摆脱苏联模式的束缚。因此，中国特色社会主义发展模式相对于苏联模式，主要突出社会主义中的"中国元素"。

西方关于"中国模式"则是西方从全球化背景，以世界主要现代化发展模式为参照背景，特别是以美国的新自由主义发展模式为参照系。雷默在提出"北京共识"时，首先是把其作为"华盛顿共识"的对立面提出来的，此后，"中国模式"在西方热议的直接背景就是"华盛顿共识"在金融危机中声名狼藉之后，"中国模式"成为一个不可多得的研究样本和可能的替代品。西方在分析"中国模式"的内涵时，大部分把"中国模式"和美国"华盛顿共识"的差异性作为分析重点。

中国特色社会主义注重总结中国现代化发展经验的社会主义的"中国特色"，注重从社会主义的视角分析与传统苏联模式内涵的不同，而西方分析"中国模式"注重从世界发展模式视角比较其与

"华盛顿共识"的内涵差异。前者使中国特色社会主义更具制度层面和中国特色的内容,后者因其所谓的"普世价值性"而"忽略"中国的制度层面和价值层面。

(二) 对"中国模式"社会主义制度载体的低度认同

西方对"中国模式"的制度内涵的疏忽或遗漏,与其对世界现代化道路的发展模式多样性还是单一性的认识有直接的关系。人类社会从远古时期到近代资本主义工业革命出现之前,经济增长的速度是异常缓慢的,从公元1000年到1750年,西欧的人均年收入增长率远远低于0.1%,中国封建社会长期处于停滞发展阶段,以至于马克思认为东方社会没有历史。工业革命之后,人类社会变迁发生了"创新性巨变",以西欧和北美等为代表的基督教文明国家走在世界现代化变革的前列,此后,其他非基督教文明国家先后呈现阶梯形的行进路线被卷入世界现代化浪潮中。以西欧、北美为代表的内源性现代化国家走在人类社会变迁的前列,并成为后发型国家效仿的榜样。

直到第一次世界大战结束之际,以西欧、北美为代表的现代化发展模式遇到了自产生以来的最大挑战,以苏联模式为代表的社会主义发展模式作为资本主义的对立面出现了,随着世界经济中心从西欧转到美国,以美国为代表的资本主义模式和以苏联为代表的社会主义模式成为所有不同模式中的最大对立者。尽管在20世纪30年代的世界经济危机中,以美国为代表的发展模式出现了从自由主义的经济模式向国家干预的凯恩斯经济模式转变,这种国家干预经济的模式始终是以资本主义制度作为支撑的。"二战"后两极格局的斗争是以两种制度层面为核心展开的军事和经济竞争。两种社会发展模式以计划和市场配置资源的截然对立,公有制和私有制经济制度的泾渭分明,社会主义和资本主义制度层面的不同以及意识形态的差别成为近代以来两个差别最大的发展模式。

在20世纪50—70年代,除了苏联模式,对美国为代表的发展模式构成挑战还出现了另一种发展模式,即拉美的依附理论及其进口替代工业化发展战略。依附理论认为：发展中国家的不发达状态主要是发展中国家和发达国家在世界经济贸易体系中，形成了中心（发达）国家向边缘国家出售工业品，而不发达国家被限制在出口初级产品的剥削与被剥削的关系。在发展道路上，依附理论提出了不发达国家应该走与发达资本主义体系脱钩的独立自主的发展道路；在发展模式上，提出了进口替代工业化战略，主要内容是：利用本国资源为本国制成品开拓国内市场，用保护政策保护本国新生的民族工业的成长，用国产品替代舶来品，首先是替代进口消费品；减少原先需要从国外进口的一般工业消费品[①]。依附理论及其进口替代工业化发展模式打破了发展中国家必须按照西方的现代化发展模式演进的教条学说，驳斥了经典现代化理论中的"西方中心论"的思维定式。

20世纪70年代中后期，以美国为代表的现代化发展模式遇到剧烈的挑战，从经济"滞涨"，国内的社会运动不断高涨，到国际争霸中的守势。20世纪80年代初以撒切尔和里根为代表，先后在英美等国家实施新自由主义发展模式，西方现代化发展模式实现了从国家干预资本主义到新自由主义经济模式的巨大转型。此后，西方许多资本主义国家和部分发展中国家纷纷仿效新自由主义经济模式，新自由主义经济模式成为资本主义发展中的主流模式。与此同时，在资本主义内部，出现了与新自由主义模式不同的新模式——东亚模式。以日本和亚洲"四小龙"为代表的东亚国家创造了长达20年的经济高速增长奇迹，并成为"新兴工业化国家和地区"。东亚模式的热议在于向世人展示了西方中心主义的诸种现代化理论和依附理论难以诠释的现代化新范式。东亚模式与新自由主义经济模式的差异是多方面的，最大的不同是政府主导型的经济发展模式，还包括政治上的国家"权威主义"和文化上的团体主义及家族本位取向等特点。

20世纪80年代末期和90年代初期，以美国为首的新自由主义经济模式对世界的影响达到了顶峰，1990年达成的"华盛顿共识"便

---

① 罗荣渠：《现代化新论》，商务印书馆2004年版，第185页。

是其标志。此时，长期和西方发展模式相抗衡的苏联模式进入衰败状态，并在20世纪90年代初烟消云散。拉美依附理论及其指导下的进口替代发展模式使拉美陷入"有增长而无发展"的拉美陷阱，并在20世纪80年代后期开始仿效新自由主义经济模式。东亚模式在1997年的亚洲金融危机中暴露其弊端，经济发展陷入停滞状态。

进入21世纪，世界的主要发展模式要么是向苏联模式烟消云散，或者是向拉美模式改换其他发展模式，或者向东亚模式陷入困扰。能与新自由主义经济模式相抗衡的唯一模式就是中国特色社会主义发展模式。在与新自由主义经济模式相竞争中，东亚模式和民主社会主义模式都是在资本主义内部的发展模式的局部分歧，主要在于国家与市场之间关系的分歧，而社会主义模式则与新自由主义模式的不同是全方位的：既有经济发展模式的不同，更有制度层面的差异，还有文化价值理念的区别。制度层面的差异成为西方全面看待"中国模式"内涵的最大障碍。

社会主义模式一直被西方作为现代化的对立面进行批判，而不是研究对象。印度学者A.R.德赛针对这种现象指出"俄国十月革命后那些占世界人口三分之二的采取非资本主义发展道路的国家，被他们看作是一种变形的和非常规的形态，从而认为不值得加以考虑或分析"[1]。第二次世界大战后，在美国兴起的经典现代化理论，首要的目的并不是对现代化经验的总结和理论研究，而是为了把新独立的民族国家纳入资本主义发展体系中为美国政府提供政策咨询，经典现代化理论把"美国和西欧高度发达的新资本主义社会看做典型的现代化社会，并将它作为表明现代化的特定组成因素的模式（参照系），最终为欠发达社会所效仿"[2]。制度因素的分歧最终在两极世界格局中成为不同发展模式中的最突出的因素。

---

[1] [美]布莱克：《比较现代化》，杨豫译，中国人民大学出版社1992年版，第46页。
[2] [美]塞缪尔·亨廷顿等：《现代化：理论与历史经验的再探讨》，罗荣渠译，上海人民出版社1993年版，第39页。

随着东欧剧变和苏联解体，以美国著名学者福山为代表认为：自由民主主义取得了全球的胜利，自由民主制将成为"人类意识形态进化的终结点"和"最后形式的政府"，并因此构成"历史的终结"。在这里福山突出了美国模式中民主自由的制度载体的超越时空性。在西方看来，苏联解体不仅仅是经济模式的失败，实质是社会主义制度层面的失败。"中国模式"之所以在西方成为热议的根本原因在于："中国模式"崛起的社会主义制度载体将对资本主义制度层面构成巨大的挑战。西方对"中国模式"内涵的制度层面的忽视，在于其潜在的"意识形态论"视角来观察"中国模式"。

（三）"中国模式"在西方发达国家和发展中国家视野中差异的原因：比较和借鉴

对"中国模式"的解读差异不仅存在于中国共产党和西方学者，而且，在发展中国家和西方对"中国模式"的解读也存在不同程度的区别。发展中国家大多能认同"中国模式"中的制度层面，更倾向于中国特色社会主义理论对"中国模式"的解读。沙特阿拉伯学者认为，中国经济发展的成功有诸多因素，但最重要的是政治制度。中国共产党为自己制定了明确的目标，并为实现这些目标调动了一切可利用的资源。俄罗斯的《真理报》认为"在社会主义制度下，不仅可以进行改革，而且可以建立一种比震惊全世界的亚洲四小龙那样的资本主义社会更快地推动经济发展的机制"。发展中国家对"中国模式"内涵解读更接近于中国特色社会主义，发展中国家和西方对中国现代化发展经验的总结为何出现反差？

西方国家和发展中国家看待"中国模式"的出发点和目的不同。发展中国家更倾向于从"中国模式"中借鉴发展经验，以便实现本国的崛起。尼日利亚学者费米·阿科莫莱夫在谈到"中国模式"时写道"上世纪70—80年代，中国和大部分非洲地区处于同样的经济落后局面，正因为如此，中国今天的经济腾飞为非洲人提供了特殊的经验，非洲可以从中国这个经济巨头身上学到很多经验，首先并且最重要的,相信万事皆有可能,无论从哪个方面来说,中国经济表现是一个奇迹"①。俄罗斯学者在对比俄罗斯激进市场转型与"中国模式"之后,反思道"俄罗斯在建立市场经济时,不应该盲目抄袭现有模式(盎格鲁-撒克逊模式、德国模式、瑞典模式),而是应当依据市场经济的一般原理,探索自己的、考虑到俄罗斯特点和历史传统的道路"②。

除了部分发展中国家希望借鉴中国的发展经验,还有部分发展中国家从中国的崛起中看到了维护世界和平的正义力量,给世界一切爱好和平的人士提供了支持,德里克将中国特色社会主义的性质称为"后社会主义",希望中国能确立另外一种现代性,"与现下的殖民现代性为内核的欧美中心现代性相抗衡一直成为一种替代方案"③。两极世界格局解体之后,世界并没有走向和平和发展之路。以美国为首的发达国家希望维持主宰世界的单极格局,在世界推行霸权主义和强权政治。苏联解体之后,世界爱好和平之士希望中国填补这个空白,邓小平根据中国实力和世界政治格局对比,提出了"决不当头"的战略思维。但中国绝没有放弃作为维护世界和平的重要力量,随着中国综合国力的崛起,给世界一切爱好和平的人士和国家增添了鼓舞和力量。

三 从中国特色社会主义的内部认同到"中国模式"外部认同的可持续发展的条件

不可否认"中国模式"还面临着一些挑战,这些挑战包括模式自身的不足,还包括在完善模式自身的基础上,逐步扩大"中国模式"

---

① [尼日利亚]费米·阿科莫莱夫:《没有人再嘲笑亚洲人》,《新非洲人》2006年第6期。

② [俄]维佳平、茹拉夫列娃:《理论经济学(政治经济学)》,张仁德译,经济科学出版社2005年版,第172页。

③ 李百玲:《德里克论全球现代性与中国特色社会主义》,《中国特色社会主义研究》2008年第3期。

的世界话语权,使"中国模式"能更为外部世界所认可。

(一)中国特色社会主义的内部认同是"中国模式"可持续发展基础

从中国特色社会主义到"中国模式"是对中国现代化发展经验从内部认同走向外部认同,这种外部认同只能是处在初步认同的阶段,有两个方面的表现:一是对"中国模式"的认同还有不同的看法,虽然对"中国模式"认同在逐步增加,还有部分人诋毁"中国模式",新出现的"中国模式崩溃论"就是例证;二是对"中国模式"的认同大部分停留在经济模式层面,在政治层面和价值层面还处在疑惑和否定层次。

"中国模式"要真正走向外部认同首先需要进一步巩固内部认同,内部认同是"中国模式"走向外部认同的基础和前提条件。内部认同就是中国人民对中国特色社会主义道路的支持和肯定,2008年12月,人民论坛杂志社联合人民网、人民论坛网等进行了"你如何看待中国模式"的问卷调查,调查结果显示:74.55%的被调查者认可"中国模式"[1]。与外部认同相比较,中国目前最重要的是如何保持对中国特色社会主义理论和道路的支持和信任,而要保持这种内部认同就必须克服"中国模式"的不足,不断增强中国现代化发展的自变量。对于中国特色社会主义需要完善的方面,中国共产党是非常清醒的,科学发展观就是完善中国特色社会主义的重要举措,胡锦涛在党的十七大报告中提出的进入21世纪,中国呈现一系列新的阶段性特征的八个方面,就是对中国特色社会主义面临的主要挑战所作的系统性总结。

(二)完善"中国模式"是提升"中国模式"认同度的根本环节

西方从"中国崩溃论""中国威胁论"到"中国模式"的出现,

---

[1] 艾芸:《民众如何看待中国模式调查:74.55%民众认可》,《人民论坛》2008年第12期。

之所以出现180度的大转弯，根本原因正在于中国经济的高速增长和综合国力的提升，"中国模式"在西方引起热议的根本原因在于美国出现次贷危机及世界金融危机，而中国经济发展的不俗表现。西方对"中国模式"认同乃至赞赏的相同看法是中国经济的持续高速增长。提升"中国模式"的外部认同，首先是要继续保持中国经济的可持续发展。"中国模式"的外部认同是世界不同发展模式的直接比较，"中国模式"的现实挑战是以美国为代表的新自由主义发展模式在金融危机的模式缺陷调整之后，是否会出现较快的新发展速度？印度等发展中国家的发展速度咄咄逼人，发展中国家是否会出现超越中国经济发展速度的新发展模式的出现？但仅有经济的发展速度是远远不够的，随着中国经济发展中暴露出的非经济问题突出，如何实现经济发展和社会发展，以及政治体制改革的相互推行成为"中国模式"能否获得认同的重要变量。俄罗斯学者从经济发展与社会发展的平衡性问题分析了"中国模式"的挑战：中国经济高速增长的质量问题——与经济增长的高速度相比，社会回报不高。正因为重大的社会问题没有得到解决，经济的稳定发展就缺乏根基；社会发展滞后使经济发展结构失调，从而变得矛盾重重。

（三）中国道路走向世界认同的必由路径

尽管内部认同为"中国模式"的发展提供了基础，但内部认同并不会直接导致外部的认同。世界任何一种发展模式并不是脱离其他模式单独存在的，"中国模式"价值有其独特经验，这种独特经验在与其他模式比较的差异中体现出来。同时，"中国模式"和其他模式又有相同之处，中国特色社会主义和"中国模式"两种话语对中国现代化发展经验解读的相似之处就是例证。如何让西方认同"中国模式"从经济发展模式到制度层面再到价值层面递进，将是"中国模式"走向世界的重要挑战。

目前，世界范围特别是西方对"中国模式"的认同大部分集中在经济等硬实力部分，而文化和价值观念等软实力还不能得到真正的认同。"中国模式"要走向世界不仅要强调"中国模式"的民族、文化和国情的独特成分,同时,还要搭建"中国模式"与世界其他发展模式的相同之处,构建双方话语对话的平台和机制。

一是要深入挖掘民族文化的深邃内涵和现实价值,不断增强中华民族文化的吸引力,搭建起世界文明交流的桥梁,推动国际文化互动交流,向世界展现中国独特的人文魅力,使国际社会从全新的视角了解中国,消释对中国实力增长的恐慌和担忧,为中国和平发展注入"润滑剂"[1]。

二是我们应积极承担国际责任,参与多边外交活动,在重大国际和地区问题上主持正义,维护中国人民和世界人民的共同利益。不断扩大国际友好关系,自觉适应全球化时代变革的需要,开创国际关系新理念,充分展现中华民族"与邻为善、以邻为伴"的民族文化基因。

三是积极关心全人类的福祉,在国际社会遭受洪灾、海啸、地震、飓风等自然灾害时,发扬人道主义精神,及时提供救援,并加强与国际社会在维和、反恐等方面的合作,充分展示中国的政治道德操守。

四是中国发展"软实力",要着眼于本国战略利益,不断提高国际事务的参与能力,扩大国家利益在全球利益框架内的权重,以大国的责任和义务参与国际规则的设置调整。著名学者王辑思从国际政治视角出发,认为"世界最终能否接受中国和平崛起,实现'中国化',取决于中国发展道路能否成功,中国人的文明素养能否令人羡慕,中国文化在伦理层面上能否不断得到普世性的认同"[2]。

---

[1] 潘照年:《中国缺乏国际话语权,需增强软实力》,《解放军报》2009年12月25日第7版。

[2] 王辑思:《"中国道路"任重而道远》,《中国社会科学报》2009年8月25日第2版。

中国共产党跳出"历史周期律"的模式转换与演变

抗日战争时期，毛泽东与黄炎培关于执政规律探讨的"窑洞对"，深刻总结了历史上统治者执政的"历史周期律"现象，成为中国共产党探索长期执政的历史和理论的逻辑起点。深入总结中国共产党执政后，探索跳出"历史周期律"的经验教训，对于今天中国共产党长期执政有着强烈的现实意义。

一 第一代领导集体跳出"历史周期律"的模式：从民主原点走向多元路径的构建

中国共产党跳出"历史周期律"探讨的原点是在抗日战争时期，黄炎培在延安与毛泽东探讨中国历代统治者兴衰成败的对话中提出的。黄炎培总结中国历史上统治者不能跳出"其兴也勃焉，其亡也忽焉"的"历史周期律"的支配，给中国共产党人提出了如何跳出"历史周期律"的历史性课题，希望中国共产党能够找到跳出"历史周期律"的新路径。毛泽东自信地说："我们已经找到新路，我们能跳出这周期律。这条新路，就是民主。让人民来监督政府，政府就不敢懈怠，只有人人起来负责，才不会人亡政息。"[①] 这一对

---

* 原载《理论探讨》2012 年第 4 期。
① 黄炎培：《八十年来》，文史资料出版社 1982 年版，第 152 页。

话奠定了中国共产党人探索跳出"历史周期律"的初步思路和方向，也成为中国共产党探索三大规律之一的"共产党执政规律"的原点。

延安时期"窑洞对"中毛泽东跳出"历史周期律"的思路包括两个不可分割的内涵，一个是民主；另一个是人民监督政府。民主是人民监督政府的前提条件，诠释了民主政治是执政者跳出"历史周期律"的制度基础；后者确立了公共权力与公民之间的本质关系，揭示了公共权力与人民之间的权力来源与监督的根本问题。毛泽东跳出"历史周期律"的初步思路是：在社会主义民主政治制度条件下，并发挥人民监督政府的主体作用，才能使执政党跳出兴衰成败的怪圈，保持长期执政。

（一）把"人民当家作主"作为跳出"历史周期律"的政治基石

中国共产党执政之后，以毛泽东为核心的第一代领导集体关于执政党跳出"历史周期律"的实践，是对延安时期"窑洞对"中"民主"和"人民监督政府"构想的进一步丰富和发展。

首先，这种丰富和发展体现在对延安"窑洞对"中"民主"范畴理念的扩展，把"人民当家作主"的执政理念作为社会主义民主政治的本质，从此奠定了社会主义民主政治的基石。

其次，从马克思主义经典作家的国家学说诠释了"民主"的载体形式，使"窑洞对"中抽象的"民主"范畴在新中国表现为一种国家形态和制度体系，即人民民主专政的国体和全国人民代表大会的政体。

最后，从制度上确立"民主"和"人民监督政府"的合法地位。1954年制定的《中华人民共和国宪法》，从法律上规定了"中华人民共和国的一切权力属于人民"，明确了公共权力与人民之间权力授予与监督的关系。以宪法作为基础，中华人民共和国成立后先后颁布或制定了《各级党委人民政府人民监察机关设置人民监察通讯员通则》等法律法规，来保障人民监督政府权力的实施。

（二）从人民监督政府的单一主体走向多元监督主体的完善

"人民监督政府"是延安"窑洞对"中跳出"历史周期律"的一个原点。这个原点揭示了现代民主政治中公共权力与公民之间权力授予与监督关系的深刻内涵，"权力为人民所赋"揭示了公共权力的来源和基础；"权力为人民所监督"揭示了公共权力的条件和归宿。中华人民共和国成立后对"窑洞对"中"人民监督政府"原点的扩展主要表现在：构建监督政府（政党）主体由原来设想的单一主体变为多元主体。中华人民共和国成立后毛泽东探索多元的外部监督体系构建，包括政党监督、新闻监督等形式，但毛泽东更重视人民群众在监督政府（政党）体系中监督主体地位的作用。毛泽东积极探索执政后人民群众监督政府（政党）的实践方法，逐步探索出在"大民主"基础上"群众运动"的主要实践形式，较长时间保持了执政党的纯洁性。

（三）从"民主"和"人民监督政府"两个原点走向多元路径的探索

毛泽东延安"窑洞对"跳出"历史周期律"中"民主"和"人民监督政府"的两个原点的回答，是建立在中国共产党抗日根据地局部执政实践经验和对中国历史兴衰成败谙熟基础之上，更多地从执政党的外部监督作为基本思路。夺取政权前夜的党的七届二中全会上，毛泽东针对中共执政后可能出现的腐化等作风，提出了"两个务必"的执政理念，开启了执政之后执政党自律建设的先河，使执政党跳出"历史周期律"的思路由"窑洞对"中注重外部"他律"监督扩展到执政党自身的"自律"建设。从"窑洞对"中注重执政党外部监督的"他律"到扩展为执政党自身的"自律"建设，是第一代领导集体对跳出"历史周期律"认识的深化。

以毛泽东为核心的中国共产党第一代领导集体跳出"历史周期律"的思想和实践，具有它的独特思考和开拓性创新。从延安"窑洞对"中"民主"和"人民监督政府"两个原点的构想，发展到

"人民创造历史"世界观、"人民当家作主"的政治理念和"群众运动"主要监督形式,构建三位一体跳出"历史周期律"的理论与实践体系。

它对执政党党风廉政建设的效果显而易见,但也存在着不足:一是没有完成从革命党到执政党角色和职能的转变,跳出"历史周期律"的实践过多体现出执政党的思想建设和反腐倡廉建设,执政党建设中的经济职能和社会职能出现明显缺位。二是"群众运动式"的大民主监督方式缺少现代法制等条件的配套,容易走向其反面,"群众的民主权力就像一切个人权力一样,当它没有受到恰当的宪政约束时,很容易转变为它的反面,成为一种暴虐的权力"①。它不能解决"运动起,腐败消;运动息,腐败起"的怪圈。三是把群众运动和群众路线混为一谈,过分迷信和夸大群众的监督作用,忽视权力结构主体的相互制约和其他监督主体的配合。

二 第二代领导集体跳出"历史周期律"模式的转换:赋予执政党建设新的内涵

中共第二代领导集体跳出"历史周期律"的模式转换,是在改革开放和党的工作重心发生重大转折背景下进行的,同时又汲取毛泽东跳出"历史周期律"实践的经验与教训,发生了重大的模式转换。第二代中央领导集体跳出"历史周期律"主要模式转换体现在:从过去注重执政党政治职能建设,拓宽执政党经济职能等建设的内涵;抛弃了群众运动的"大民主"监督方式,把发扬人民民主作为人民监督政府的前提条件;把健全公民权利作为监督政府的有效形式;注重民主的制度化建设,特别是法制建设,避免人治模式等。

---

① [法]古斯塔夫·勒庞:《乌合之众》,冯克利译,广西师范大学出版社2007年版,第204页。

(一) 拓宽执政党跳出"历史周期律"模式的内涵

邓小平拓宽对执政党跳出"历史周期律"模式内涵的主要贡献在于：深刻把握世界时代主题的新变化和资本主义与社会主义竞争的新态势，从毛泽东过于注重执政党建设中"阶级斗争"的政治职能走向执政党的经济职能建设的转变，从更为广阔的视野实现了执政党跳出"历史周期律"模式内涵的再认识。

邓小平对执政党跳出"历史周期律"模式内涵的再认识，拓宽了对执政党建设内涵的深化，逐步形成第二代领导集体党的建设的一个基本经验，即把党的建设同党的历史任务紧密联系起来，同党为实现这些任务而确立的理论和路线紧密联系起来，使党的建设更好地为完成党的历史任务服务。在社会主义初级阶段，党的建设必须紧密围绕着党的基本路线来进行，执政党建设必须把经济建设为中心作为党的建设的出发点和落脚点。

(二) 把发扬人民民主、健全公民权利作为人民当家作主前提条件和有效实践形式

第二代中央领导集体把发扬人民民主、健全公民权利与人民当家作主三者有机统一于一体。首先，把发扬人民民主作为人民当家作主实施的前提条件。第二代中央领导集体深刻汲取"文化大革命"时期的民主与集中相失衡的教训，从新的视野思考执政党建设中"民主"的新内涵，主要体现在拨乱反正时期对社会主义民主与集中之间辩证关系的再认识。邓小平把社会主义民主提升为社会主义本质属性之一，从而在更为广阔的视野和全新的视角中给予社会主义民主以新的含义。邓小平把发扬社会主义民主作为人民监督政府的前提条件。"政治上，充分发扬人民民主，保证全体人民真正享有通过各种有效形式管理国家、特别是管理基层地方政权和各项企业事业的权力，享有各种公民权利……"[①]。

---

① 《邓小平文选》第 2 卷，人民出版社 1994 年版，第 322 页。

与毛泽东探索把群众运动作为"大民主"的实践形式不同，邓小平另辟蹊径把健全公民权利作为社会主义民主的有效实践形式。健全公民权利不仅成为第二代领导集体实现社会主义民主政治的主线，也成为"人民监督政府"的具体实践路径。邓小平从法律和党章的不同角度，初步确立公民和党员的几项基本民主政治权利。从此，健全、丰富和完善公民权利成为社会主义民主实践的主线。

（三）以"法制化"为核心制度建设作为保障公民权利的长效机制

通过总结"文化大革命"中人治代替法制的教训，邓小平提出从制度上解决社会主义民主和公民监督权长效机制的问题，而制度建设的路径就是制度的法制化，"必须使民主制度化、法律化，使这种制度和法律不因领导人的改变而改变，不因领导人的看法和注意力的改变而改变"①。1992年南方谈话时，邓小平又强调了法制建设对党风廉政建设的重要性，"对干部和共产党员来说，廉政建设要作为大事来抓，还是要靠法制，搞法制靠得住些"②。

三 第三代领导集体跳出"历史周期律"模式的发展：探索执政党建设的主题

以江泽民为核心的第三代中央领导集体认真汲取苏东等共产党没有跳出"历史周期律"的经验与教训，探索社会主义市场经济体制下执政党建设的主题，在第二代中央领导集体探索执政党建设的基础上，逐步走向对执政规律的探索，围绕着在长期执政和改革开放的历史条件下中国共产党应当把自己"建设成什么样的党、怎样建设这样的党"这个根本主题，形成了"三个代表"重要思想的理

---

① 《邓小平文选》第2卷，人民出版社1994年版，第146页。
② 《邓小平文选》第3卷，人民出版社1993年版，第379页。

论成果。

（一）从人心向背的视角提出决定执政党兴衰"周期律"根本标准

中共第三代领导集体执政不久出现了东欧剧变，在实践层面使执政共产党遭遇到"历史周期律"的羁绊，东欧剧变和一些世界大党相继退出历史舞台，使执政党建设成为以江泽民为核心的第三代领导集体思考的全局问题。《中共中央关于加强党的执政能力建设的决定》中首次提出"党的执政地位不是与生俱来的，也不是一劳永逸的"，[1] 表明中国共产党客观承认其执政也面临着"历史周期律"的支配和挑战。

中国共产党认真汲取东欧剧变的教训，从对东欧剧变的经济原因、体制僵化、意识形态阵地的丧失、西方和平演变的分析，到更加注重分析和汲取苏东共产党丧失人心的悲剧。江泽民多次强调，"历史和现实都表明，一个政权也好，一个政党也好，其前途与命运最终取决于人心向背，不能赢得最广大群众的支持，就必然垮台"。[2] 首次把民心向背的政治高度作为衡量执政党跳出"历史周期律"的根本标准，逐步从过去注重跳出"历史周期律"的制度条件、物质条件转向政治心理层面，表明中国共产党对跳出"历史周期律"的执政规律认识的深化。

（二）使社会主义民主下的公民权利由理论走向实践成果的探索

江泽民在邓小平关于社会主义民主是社会主义本质属性论述的基础上，丰富了社会主义民主的内涵，提出了社会主义民主政治的核心内容，是在共产党的领导下，人民当家作主，依法管理国家事务，管理经济文化事业，管理社会事务。在第二代领导集体初步确立人民民

---

[1] 《十六大以来重要文献选编》（上），中央文献出版社2005年版，第78页。
[2] 《论"三个代表"》，中央文献出版社2001年版，第72页。

主条件下公民权利的基本形式基础上,进一步探索公民权利的有效实现路径,丰富和发展人民当家作主的实践形式。具有标志性的事件是20世纪90年代,我国农村全面实行村民自治和城市社区自治,使基层公民依法行使选举权、参与权、监督权和罢免权。

(三) 以"建设什么样的党、怎样建设党"统领执政党建设的主题

执政党建设的主题是指某一历史时期执政党建设的指导思想和总目标,党的建设要围绕着这个指导思想和总目标展开。第二代中央领导集体初步提出了党的建设新的伟大工程的目标,第三代中央领导集体执政后进一步深化和揭示党的建设新的伟大工程的主题。1980年邓小平提出一个尖锐的问题:"执政党应该是一个什么样的党,执政党的党员应该怎样才合格,党怎样才叫善于领导?"[①]

第三代中央领导集体在推进党的建设新的伟大工程时,开始注重对执政党建设规律的探索,逐步揭示了党的建设新的伟大工程的主题:围绕着在长期执政和改革开放的历史条件下中国共产党应当把自己建设成什么样的党、怎样建设这样的党?最终形成了"三个代表"重要思想等主要理论成果,初步回答了长期执政和改革开放条件下中国共产党应该建设什么样的党的首要重大问题。党的建设主题的明确阐述使中国共产党跳出"历史周期律"的探索逐步走向执政党执政规律的探索。

四 新世纪跳出"历史周期律"模式的创新:从点到面走向执政党建设规律的全面探索

(一) 首次提出以人为本作为跳出"历史周期律"的执政理念

党的十七大把科学发展观作为中国共产党的指导思想,而以人为

---

① 《邓小平文选》第2卷,人民出版社1994年版,第276页。

本是科学发展观的核心。以人为本的执政理念进一步澄清了中国共产党关于执政党与人民之间关系的人民利益本位价值取向，进一步发展了毛泽东"人民监督政府"的民本理念。澄清了改革开放以来在中国社会流行的"精英主义"思潮和历史"虚无主义"的观点，进一步明确规定了中国共产党执政的哲学基础和世界观。

胡锦涛总书记在纪念中国共产党成立82周年讲话中提出："相信谁、依靠谁、为了谁，是否始终站在最广大人民的立场上，是区分唯物史观和唯心史观的分水岭，也是判断马克思主义政党的试金石。"① 以人为本分别从"相信谁、依靠谁、为了谁"三个方面对执政思想进行完整的诠释，使中国共产党跳出"历史周期律"的理念以继承和发展的螺旋上升轨迹回到了"人民创造历史"的逻辑原点。

（二）以加强党的执政能力建设作为跳出"历史周期律"的主线

改革开放后中共第二代领导集体在党的建设中提出了"党的建设新的伟大工程"的根本目标，"党的建设新的伟大工程"在第二代中央领导集体执政时开始破题。第三代中央领导集体执政时期把长期执政和改革开放的历史条件下中国共产党应当把自己建设成什么样的党、怎样建设这样的党作为党的建设新的伟大工程的主题。"三个代表"重要思想初步回答了建设什么样的党的根本问题，同时，怎样建设党的主线开始破题。2001年庆祝建党80周年大会上，首次提出党的执政能力建设的两大主题："我们必须继续围绕在新的历史条件下建设一个什么样的党和怎样建设党这个基本问题，进一步解决提高党的执政能力和领导水平、提高拒腐防变和抵御风险能力这两大历史性课题，全面推进党的建设新的伟大工程。"② 中国共产党以执政能力建设作为"党的建设新的伟大工程"的主线开始显现。

2004年《中共中央关于加强党的执政能力建设的决定》把执政

---

① 《十六大以来重要文献选编》（上），中央文献出版社2005年版，第369页。
② 《江泽民文选》第3卷，人民出版社2006年版，第272页。

能力建设作为党的建设主线。首次对党的执政能力的内涵进行了界定，并提出了加强党的执政能力建设的五大任务："按照推动社会主义物质文明、政治文明、精神文明协调发展的要求，不断提高驾驭社会主义市场经济的能力、发展社会主义民主政治的能力、建设社会主义先进文化的能力、构建社会主义和谐社会的能力、应对国际局势和处理国际事务的能力。"① 党的十七大丰富了党的执政能力建设的内容，提出了执政党建设"一条主线、五大建设"的总体布局。一条主线是党的执政能力建设和先进性建设，五大建设以坚定理想信念为重点加强思想建设，以造就高素质党员、干部队伍为重点加强组织建设，以保持党同人民群众的血肉联系为重点加强作风建设，以健全民主集中制为重点加强制度建设，以完善惩治和预防腐败体系为重点加强反腐倡廉建设。"一条主线、五大建设"使新的历史起点上党的建设新的伟大工程的路径更加明晰，深化了对"建设什么样的党、怎样建设党"的认识。

（三）完善公民权利的多元渠道来健全人民监督主体的作用

在完善党的自身建设的同时，健全人民监督政府的"他律"建设始终是保持执政党跳出"历史周期律"的一条主线。胡锦涛在纪念人民代表大会制度成立 50 周年讲话中指出："早在上个世纪 40 年代，我们党总结中国历史发展的规律，就明确把人民民主作为跳出历史兴亡周期律的根本途径，强调只有让人民来监督政府，政府才不敢松懈；只有人人起来负责，才不会人亡政息。"②

党的十六大以来，以胡锦涛为总书记的党中央站在新的历史起点上，继续推进社会主义民主政治建设，特别是在科学发展观中以人为本理念的指导下，坚持和发扬人民当家作主的政治理念，不断丰富公民有序政治参与的实践形式。

---

① 《中共中央关于加强党的执政能力建设的决定》，人民出版社 2004 年版，第 4 页。
② 《胡锦涛文选》第二卷，人民出版社 2016 年版，第 238 页。

一是以党内民主建设为突破口。党的十七大报告提出了"党内民主是党的生命线"的新论断和切实加强党员在党内的主体地位。与此同时，在实践中，积极探索党内民主的实现形式，包括：扩大差额选举；完善党内领导干部提名制度；基层政府的公推直选试点等。二是以党内民主促进社会民主的完善，进一步完善城市社区自治、农村村民自治和职工代表大会制度。三是拓宽以互联网为代表的新兴媒体的监督作用。积极利用新兴媒体的舆情网络信息，中央纪委成立了全国网络举报中心，拓宽了人民反腐倡廉的渠道，网络举报中心已经成为广大群众表达诉求、参与监督、反对腐败的平台。

中国共产党关于跳出"历史周期律"的实践形式，本质上是逐步深化"共产党执政规律"的探索。延安时期"窑洞对"中毛泽东以简洁而深邃的回答，奠定了中国共产党人跳出"历史周期律"探索的原点。由于时代主题转换，中共第一代领导集体和中共第二代领导集体之间探索执政党跳出"历史周期律"模式发生了变迁，在丰富和发展过程中，走向对共产党执政规律的深化与探索。

总体上沿着三条脉络展开：一是在"民主"的基点上，升华为以健全社会主义民主作为跳出"历史周期律"的制度前提条件，以人民当家作主作为跳出"历史周期律"的政治基石；二是在"人民监督政府"的基点上，发展为以健全公民权利为主线来丰富和完善人民当家作主的实践形式和渠道，解决执政者与人民之间权力的授予与监督的问题；三是跳出"历史周期律"从"民主"和"人民监督政府"两个基点逐步走向对党的执政规律的全面探索，形成了以"建设什么样的党、怎样建设党"为主题，以党的执政能力建设为主线的实践取向。

中国共产党反腐倡廉民本思想的演变轨迹及其时代创新[*]

反腐倡廉建设中"为了谁、依靠谁、相信谁"是一个根本问题，中国共产党运用"人民是历史创造者"的唯物史观科学回答了这个问题。在这种世界观指导下，构建了完整的反腐倡廉民本思想体系，包括人民利益本位价值观、人民监督主体观、反腐倡廉工作方法群众路线观等内容。中国共产党反腐倡廉民本思想在继承、发展与创新中，呈现出明显的时代特征。

一 中共第一代领导集体反腐倡廉民本思想体系的创立及特点

（一）构建民本思想中人民利益本位价值观

"为了谁"的问题，就是价值观念中的主体问题，即谁是价值的主体和评价的主体、以谁的利益和要求作为价值标准的问题。"为了谁"的问题从根本上要回答谁是历史的创造者的基本问题，中共第一代领导集体灵活运用马克思主义唯物史观，构建了人民利益本位价值观，创造性地回答了一切工作，包括反腐倡廉"为了谁"的根本问题。

人民历史主体论是人民利益本位价值观的前提。"人民是历史创

---

[*] 原载《河南社会科学》2011年第3期。

造者"把马克思主义政党和非马克思主义政党区别开来。中国共产党继承了马克思主义唯物史观,提出"人民,只有人民,才是创造世界'为了谁'的问题,是一个根本的问题,原则的问题"。人民历史主体论认识到人民群众是社会历史的主体,充分重视人民群众作为历史的创造者的巨大力量,是推动人类社会前进的动力,也是执政党反腐倡廉的力量之源。

全心全意为人民服务是人民利益本位价值观的核心,是以个人利益为价值本位还是以全体人民的利益为价值本位,是马克思主义政党和其他政党的本质区别。中共第一代领导集体坚持人民利益高于一切,创造性地提出了"全心全意为人民服务"的宗旨,"共产党人的一切言论行动,必须以合乎最广大人民群众的最大利益,为最广大人民群众所拥护为最高标准"[①]。

全心全意为人民服务凝聚了中国共产党人世界观、历史观和人生观的价值取向,明确而完整地规定了中国共产党的根本立场和价值导向。这一价值观包含的全部信念、信仰和理想的出发点和落脚点,是自觉无条件地站在历史的主人——无产阶级和人民大众的立场上,忠实地代表人民的利益、忠实地贯彻人民的意志,去争取实现人类自身的彻底解放和美好前途,从而为中国共产党民本思想的价值原则奠定了理论基础。

(二) 确立反腐倡廉民本思想人民监督主体观

党的建设是中国共产党取得新民主主义革命胜利的三大法宝之一,但是关于如何加强党执政后自身建设的源头可以追溯到抗日战争时期。此时,中国共产党还未取得全国的政权,执政党建设的话题是毛泽东和黄炎培关于跳出"历史周期律"的对话和探讨中提出的。黄炎培提出了一个超越时空的历史性课题,总结中国历朝历代不能跳出"其兴也勃焉,其亡也忽焉"的怪圈,希望中国共产党能够找到

---

① 《毛泽东选集》(第3卷),人民出版社1991年版,第563页。

摆脱怪圈的新路径。毛泽东自信地说，我们已经找到新路，我们能跳出这周期律。这条新路，就是民主。让人民来监督政府，政府就不敢懈怠，只有人人起来负责，才不会人亡政息。这一对话开启了毛泽东探索执政之后反腐建设中民本思想的大门。毛泽东的思路无疑是对的，因为它符合现代民主政治中公共权力与民众之间的本质关系。

中国共产党执政之后，以毛泽东为核心的第一代领导集体的反腐倡廉民本思想中，关于如何监督公共权力的总体思路，是沿着延安时期"民主"和"人民监督政府"思路进一步扩展和试验的。

首先，中共第一代领导集体创建了人民民主专政和人民代表大会制度，从政治上和组织上保证了人民当家作主和管理国家事务的权利。在毛泽东指导下制定的中华人民共和国第一部宪法，从政体上明确了人民监督的主体地位，"全国人民代表大会和地方各级人民代表大会都由民主选举产生，对人民负责，受人民监督"。以宪法作为基础，我国先后颁布或制定了关于《各级党委人民政府人民监察机关设置人民监察通讯员通则》《加强人民通讯员和人民检举接待室的指示》《关于在报纸刊物上展开批评与自我批评的决定》等一系列法律法规。从国体、政体和法律法规等制度体系上确立了人民监督政府的主体地位。

其次，逐步探索出人民监督主体地位的实现途径。毛泽东借鉴革命战争年代的经验，积极探索执政后人民群众监督政府的方法，逐步探索出以发动群众为主的"大民主方式"来破解党风廉政建设的困境，先后开展了"三反""五反""四清"等运动，依靠人民群众直接参与反腐斗争中，揭发、监督、批判腐败现象和官僚主义，较长时间保持了党风廉政建设的纯洁性。

（三）反腐倡廉民本思想的工作方法贯穿着群众路线观

群众路线是中国共产党的根本工作路线，也是党的根本的领导作风和工作方法，是党的群众观点的具体化。中国共产党在长期革命实践中形成了"一切为了群众，一切依靠群众，从群众中来，到群众中去"的群众路线。中国共产党执政后,以毛泽东为核心的党的第一代领导集体同样把群众路线运用到反腐倡廉工作中,认为反腐败能否成功在于能否走群众路线,即能否相信群众,能否发动群众,能否依靠群众,充分调动人民群众反腐倡廉的积极性和创造性。

首先,确立反腐倡廉群众路线观。反腐群众路线观是沿着夺取政权时期提出的全心全意为人民服务宗旨进一步展开的,中华人民共和国成立前夕提出的"两个务必"是执政后反腐倡廉的"宣言书"。

其次,探索出依靠群众运动的反腐方式。为了依靠群众,毛泽东以群众作为反腐倡廉群众路线的主要载体,先后通过群众运动方式开展了"三反""五反""四清"等接连不断的运动,来制止党内出现的腐败和官僚主义作风。

最后,为了反对官僚主义作风,开展不同形式的干部参加劳动以密切联系群众。除此之外,中国共产党还创立人民信访制度等不同形式作为联系群众的渠道,"必须重视人民的通信,要给人民来信以恰当的处理,满足群众的正当要求,要把这件事看成是共产党和人民政府加强和人民联系的一种方法,不要采取掉以轻心、置之不理的官僚主义态度"[①]。

(四) 反腐倡廉民本思想体现人民创造历史的世界观

如何回答谁是历史的创造者,是马克思主义经典作家唯物史观与唯心史观的一个根本区别。与唯心史观的英雄创造历史的观点不同,唯物史观鲜明提出:人民是历史创造者,毛泽东的反腐倡廉民本思想始终贯穿着人民是历史创造者的唯物史观。这种世界观贯穿于反腐倡廉的人民利益本位价值观、人民监督主体观、反腐工作方法群众路线观等整个民本思想体系构建中。

中共第一代领导集体构建的反腐倡廉民本思想中人民利益本位价值观、人民监督主体观、人民创造历史世界观,回答了反腐倡廉中执

---

① 董边:《毛泽东和他的秘书田家英》,中央文献出版社1990年版,第78页。

政党"为了谁""依靠谁"和"相信谁"的根本问题。反腐倡廉人民利益本位价值观的核心是全心全意为人民服务的宗旨,它回答了唯物史观中"为了谁"的问题;体现在反腐倡廉人民监督主体观中的重要内容,是中华人民共和国依靠人民当家作主,人民也是监督执政党的主体力量,它解决了唯物史观中"依靠谁"的问题。贯穿在人民反腐工作方法群众路线观中的主要观点是,人民群众蕴含着反腐倡廉的无穷力量,不发动、依靠群众,离开人民群众参与,腐败行为和官僚主义就难以制止,它回答了唯物史观中"相信谁"的问题。

以毛泽东为核心的中共第一代领导集体反腐倡廉的民本思想,是中国共产党人执政后加强党的建设的首创性试验。确立了人民是历史创造者的哲学基础和指导思想,在这种世界观指导下,构建了较为完整的反腐倡廉的民本思想体系。这种反腐倡廉民本思想显然带有它的独特思考和创新,它对执政党防腐拒变的作用是显而易见的,但也存在着缺陷:一是没有完成从革命党到执政党角色和职能的转变,反腐倡廉民本思想过多地体现了"阶级斗争"的职能,民本中的经济等职能未能有效地发挥。二是"运动式"和"群众式"的大民主和现代民主政治中的法制轨道相脱离,它不能解决"运动起,腐败消,运动息,腐败起"的"运动反腐"缺陷。三是过分迷信和夸大群众监督主体作用,把群众运动和群众路线混为一谈。

二 中共第二代领导集体反腐倡廉民本思想的模式转换

中共第二代领导集体反腐倡廉民本思想是在中国共产党的工作重心发生重大转换背景下进行的,同时又汲取毛泽东反腐倡廉民本思想的经验与教训,发生了重大的模式转换。中共第二代领导集体反腐倡廉民本思想继承了人民是历史创造者的唯物史观和世界观,把"人民赞成不赞成、人民拥护不拥护、人民高兴不高兴、人民答应不答应"作为一切工作,包括反腐倡廉工作的出发点与归宿。反腐倡廉民本思想的主要模式转换体现在：抛弃了群众运动的反腐方式；注重发扬人民民主来制约权力过分集中导致的官僚主义；注重民主的制度化建设，特别是法制建设，避免人治的反腐模式等。

（一）把发扬人民民主作为反腐倡廉的前提条件

邓小平特别注重汲取"文化大革命"时期反腐败的历史经验教训，从更为广阔的视野思考反腐倡廉的思路，这集中体现在他对民主与集中的辩证关系的再认识上。邓小平的主要判断是，在"文化大革命"中，民主集中制没有真正实行，离开民主谈集中，民主太少。邓小平在《党和国家领导制度的改革》一文中，分析了官僚主义产生的重要原因："权力过分集中，妨碍社会主义民主制度和党的民主集中制的实行，妨碍社会主义建设的发展，妨碍集体智慧的发挥，容易造成个人专断，破坏集体领导，也是在新的条件下产生官僚主义的一个重要原因。"①从而把腐败等行为的产生与民主和集中之间关系的失衡联系在一起。

他把社会主义民主提升为社会主义本质属性之一，把发扬人民民主、保障公民监督权利和反腐倡廉三者有机结合在一起，从而在更为广阔的视野和全新的视角实现了反腐模式的转换。发扬人民民主的作用是多方面的，其中之一就是健全公民监督政府的权力，"政治上，充分发扬人民民主，保证全体人民真正享有通过各种有效形式管理国家、特别是管理基层地方政权和各项企业事业的权力，享有各种公民权利……"②。只有发扬人民民主，才能为制约腐败及官僚主义创造前提条件。

（二）把健全公民权利作为监督政府的有效形式

人民民主只是为公民监督政府提供了前提条件，切实落实社会主

---

① 《邓小平文选》第2卷，人民出版社1994年版，第321页。
② 《邓小平文选》第3卷，人民出版社1994年版，第322页。

义民主，必须探索出人民民主的具体实践路径，因此健全公民权利成为贯穿邓小平探索人民民主条件下监督政府的突破口和主线。早在党的十一届三中全会上，邓小平就提出了保证公民参与管理国家事业的具体形式，"要切实保障工人农民个人的民主权利，包括民主选举、民主管理和民主监督"。

此后，邓小平从不同方面丰富和发展了公民监督政府的具体内容：一是针对人民对政党和政府的批评，从战略高度提出了著名的论断："一个革命政党，就怕听不到人民的声音，最可怕的是鸦雀无声。"二是提倡建立群众监督制度，"让群众和党员监督干部，特别是领导干部。凡是搞特权、特殊化，经过批评教育而又不改的，人民就有权依法进行检举、控告、弹劾、撤换罢免，要求他们在经济上退赔，并使他们受到法律、纪律处分"。三是注重从法律层面维护公民权利，"宪法和党章规定的公民权利，党员权利、党委委员的权利，必须坚决保障，任何人不得侵犯"[①]。

（三）把制度建设作为保障公民监督权的长效机制

如何从根本上保证公民权利，特别是保证公民监督权得到长期有效的实施，是以邓小平为核心的第二代领导集体考虑的重大现实问题。针对改革开放后出现的党内的腐败消极现象，邓小平剖析存在的根源，包括从思想方面、历史方面等，但他最注重从制度方面汲取教训。当然，"官僚主义还有思想作风问题的一面，但是制度问题不解决，思想作风问题也解决不了。"[②]

通过总结"文化大革命"的教训，邓小平提出从制度上解决问题，而要想从制度上解决问题，重点就要实现民主法制化，"必须使民主制度化、法律化，使这种制度和法律不因领导人的改变而改变，不因领导人的看法和注意力的改变而改变"[③]。到1992年南方

---

① 《邓小平文选》第2卷，人民出版社1994年版，第144页。
② 《邓小平文选》第2卷，人民出版社1994年版，第328页。
③ 《邓小平文选》第2卷，人民出版社1994年版，第146页。

谈话时，邓小平对改革开放、反腐倡廉建设反思后再次强调，对干部和共产党员来说，廉政建设要作为大事来抓，还是要靠法制，搞法制靠得住些。

三 中共第三代领导集体反腐倡廉民本思想的继承与发展

以江泽民为核心的第三代领导集体在建立社会主义市场经济条件下党风廉政建设面临新的挑战中，深刻汲取苏东剧变的经验教训，继承和发展反腐倡廉民本思想中的唯物史观，在"三个代表"重要思想中，提出代表最广大人民根本利益的人民利益本位价值观，提出反腐倡廉的民心向背观，并在实践中拓宽了社会主义民主条件下人民监督权的实现渠道。

（一）把反腐倡廉提升到关系民心向背的政治问题高度

反腐败是关系到中国共产党对人民群众的根本态度的政治问题，民心是民众对执政党的政治认同和政治心理归属感，涉及政治权力归属的本质属性。江泽民首次把反腐倡廉提升到关系民心向背的政治高度，"反腐败斗争是关系党心民心，关系党和国家前途命运的严重政治斗争。在这个问题上，旗帜必须鲜明，态度必须坚决，工作必须锲而不舍。这个问题不解决好，我们的改革开放和现代化建设就没有坚强的政治保证，就会走到邪路上去，就有亡党亡国的危险。这决不是危言耸听"[1]。特别是苏东剧变后，中国共产党认真汲取苏东剧变的教训，注重分析他们执政时期的腐败现象蔓延，最终导致共产党丧失人心的悲剧，从而提出了决定政党执政的根本衡量标准，"历史和现实都表明，一个政权也好，一个政党也好，其前途与命运最终取决于人心向背，不能赢得最广大群众的支

---

[1] 《江泽民论党的建设》，中央文献出版社2001年版，第236页。

持，就必然垮台"①。

（二）把反腐倡廉作为密切联系群众的主要途径

江泽民把反腐败斗争和密切联系群众有机结合起来，提出执政党的最大危险就是脱离群众，反腐败是保持党同人民群众密切联系的必要条件。江泽民强调要按照"三个代表"重要思想要求全面加强党的建设，其根本目的就在于保证我们党能始终保持与人民群众的血肉联系。如果腐败得不到有效惩治，党和国家就有丧失人民群众支持和信任的危险。"坚决反对和防止腐败，是全党一项重大的政治任务。不坚决惩治腐败，党同人民群众的血肉联系就会受到严重损害，党的执政地位就有丧失的危险，党就有可能走向自我毁灭。"②

（三）拓宽社会主义民主条件下人民监督权的实现渠道

江泽民在邓小平关于社会主义民主是社会主义本质论述的基础上，深入探索人民民主条件下人民监督权的有效实现路径和载体。

首先，发扬社会主义民主应该从发展党内民主入手。江泽民认为，发展社会主义民主，首先是发展党内民主，特别是不断完善民主集中制，健全民主生活会制度，加强领导班子内部监督，发挥党员和党组织的监督作用。其次，要发展人民民主，进一步扩大基层民主，改革和完善办事公开、民主评议、信访举报等制度。具有标志性的事件是从20世纪90年代中国在农村全面实行村民自治和城市社区自治，使基层民众依法行使选举权、参与权、监督权和罢免权。最后，反腐倡廉要走群众路线。江泽民在1994年中央纪委第十四届三次全会上提出把群众举报和专门机关的依法查处结合起来，确保反腐工作及时、广泛和有序进行。

---

① 《江泽民论党的建设》，中央文献出版社2001年版，第443页。
② 《江泽民文选》第三卷，人民出版社2006年版，第573页。

四 胡锦涛反腐倡廉民本思想的发展与创新

（一）首次从党的指导思想出发提出以人为本的反腐倡廉民本理念

党的十七大首次把科学发展观写进中国共产党党章，而科学发展观的核心是以人为本。以人为本、执政为民的反腐倡廉思想贯穿着"人民是历史创造者"的唯物史观和世界观。以人为本的反腐民本理念体现了中国共产党反腐倡廉的人民本位价值取向，鲜明地回答了"相信谁、依靠谁、为了谁"的根本问题。以实现好、维护好、发展好最广大人民根本利益作为反腐倡廉的出发点和落脚点，回答了以人为本民本思想中的"为了谁"的问题。紧紧依靠人民群众支持和参与，充分发挥人民群众在党风廉政建设和反腐败斗争中的积极作用，回答了反腐倡廉以人为本思想中的"依靠谁"的问题。坚决反对腐败、严厉惩治腐败分子，以党风廉政建设和反腐败斗争的实际成效取信于民，回答了以人为本思想中的"相信谁"的问题。

（二）凸显反腐倡廉人民利益本位中的民生利益观

党的十一届三中全会以来反腐倡廉工作的一个基本任务就是纪检监察工作紧紧围绕和服务于党的中心工作与大局。党的十七大深刻分析中国现代化发展在新世纪出现的若干新的阶段性特征，提出了加快推进以改善民生为重点的社会建设，以就业、教育、医疗、住房、环保等为主要内容的民生问题成为经济社会发展中的焦点问题，围绕着民生领域的腐败和行业不正之风成为人民群众关注的热点问题。

以人为本、执政为民的反腐理念就是要"认真解决损害群众利益的突出问题和反腐倡廉建设中群众反映强烈的突出问题，切实维护社会公平正义"。党的十七大以来反腐倡廉围绕着群众反映强烈的民生热点问题开展了不同内容的专项治理工程。这些专项治理包括：开展了耕地保护和节约用地、资源节约和环境保护等政策措施落实情况的监督检查；治理商业贿赂专项工作；对加强惠农政策落实情况的监督检查，纠正农村土地承包、流转和征收征用中损害农民利益的问题；开展了以政府为主导的网上药品集中采购，食品药品安全专项整治工作；开展成品油价格和税费改革涉及的收费项目清理规范工作；治理房地产开发、土地管理和矿产资源开发等领域突出问题。这些专项治理工作的开展，着力解决了涉及人民切身利益的腐败问题。

（三）构建党风廉政建设中取信于民的成效观

胡锦涛在十七届中央纪委六次全会上提出，坚决反对腐败、严厉惩治腐败分子，以党风廉政建设和反腐败斗争的实际成效取信于民。它是新形势下人民群众参与权、知情权、表达权和监督权的进一步延伸，体现了人民群众是反腐倡廉建设成效的评价者。

党风廉政建设的评价有两种体系：一种是客观指标体系，包括党风廉政建设分解细化的客观指标；另一种是通过民众心理感知构建的主观认知指标体系。在现实中，两种指标体系既存在着一定联系，又存在着错位情况。过去我们对党风廉政现状和反腐倡廉工作的绩效会通过具体的案发数字、举报数字，党纪、政绩处分的人数等指标来评价，胡锦涛提出以反腐倡廉实际成效取信于民，从更深的角度提出了人民群众是反腐倡廉的评价者。它包含着人民群众是历史主体的唯物史观，人民满意标准是中国共产党最高价值标准。

（四）完善人民参与反腐倡廉的立体网络

如何完善人民群众参与反腐倡廉渠道畅通，使人民群众真正行使参与权、知情权、表达权和监督权，始终是制约人民群众参与反腐倡廉成效的瓶颈。党的十六大以来，以胡锦涛为总书记的党中央在继承第三代中央领导集体拓宽人民参与反腐斗争基础上，以改革的精神丰富和完善了人民群众参与反腐倡廉的多元渠道，构建了立体式的参与反腐网络。

一是以党内民主建设为突破口，提出了"党内民主是党的生命线"等新论断。与此同时,在实践中,积极探索党内民主的实现形式,包括部分乡镇党委的公推直选,一些县(市)试行党的代表大会常任制等。二是以党内民主带动社会民主的发展,继续完善农村村民自治、城市社区自治和企事业单位的职工代表大会。三是构建以互联网等新兴媒体为载体的网络反腐渠道。2010年中国发布《中国的反腐败和廉政建设》白皮书首次肯定网络监督的作用,高度重视互联网在加强监督方面的积极作用,切实加强反腐倡廉舆情网络信息收集、研判和处置工作。2009年《中共中央关于加强和改进新形势下党的建设若干重大问题的决定》指出,要加强网络舆情分析,健全反腐倡廉网络举报和受理机制、网络信息收集和处置机制,逐步形成公民参与反腐倡廉的立体网络。

后　　记

　　1978启动的改革开放是中国社会利益关系的分化、调整和重新整合。党的十六届六中全会把"利益格局深刻调整",作为我国改革发展的四个重要变化之一。2006年以来,我先后发表若干篇关于利益关系变化、利益格局调整、利益模式变迁、利益矛盾凸显等方面的论文。随着中国特色社会主义进入新时代,回看走过的路,我们更能清晰看到改革开放40余年中国社会利益关系变化的轨迹,也需要进一步对利益关系变迁进行检视。在这种背景下,将近些年发表的关于利益关系的若干论文整理成册,奉献给读者,也是对自己过去学术研究的总结和鞭策。本书以改革开放40年中国社会利益关系变化为主线,形成了"利益关系分化与利益格局变迁""利益关系整合与社会治理""利益关系均衡与中国特色社会主义完善"三部分既相互联系又各自相对独立的内容。

　　本书的出版,首先,要归功于郑州大学政治与公共管理学院、郑州大学当代资本主义研究中心大力支持!特别要感谢郑州大学政治与公共管理学院首席专家、郑州大学当代资本主义研究中心主任李慎明研究员的鼎力支持。同时,也要感谢郑州大学政治与公共管理学院院长高卫星教授和郑州大学当代资本主义研究中心常务副主任余丽教授的无私帮助。如果没有他们的大力支持,这本学术著作出版是难以想象的。然后,还要感谢中国社会科学出版社赵丽编辑,为本书的出版付出了大量的心血,她的高度敬业精神值得我们

后　记

学习。最后，要感谢我的研究生在论文收集和整理过程中所付出的辛勤劳动。

由于时间比较仓促，更主要的是我的学术水平和能力有限，本书难免存在不足之处，敬请读者批评指正！

谢海军

2019年12月于郑州大学